「40歳、おしゃれの壁」を乗り越える!

これまでの服が
似合わなくなったら。

山本あきこ

これまでの服が似合わなくなったら、むしろ自分を見直すチャンス

「今まで着ていた服が、しっくりこなくなった」
「服はたくさん持っているのに、今日、着ていく服がない」
「どんな格好が、年齢相応のおしゃれなのかわからない」
「残りの人生、このままのファッションでいいのかな……」

これらは、私がファッションコンサルティングをしてきた大人の女性のみなさんから、よく聞くお悩みです。多くの方が漠然と、「なぜか最近、これまでの服が似合わなくなった」と感じているようです。

でも、このような悩みを感じ始めた人は、実はラッキーな人！　なぜなら、これまでの服が似合わなくなったということは、自分自身を見つめ直すチャンスだからです。

20代はがむしゃらに生き、30代で変化が生まれ、そして迎える40代。40代は女性にとって、自分の軸を作り、自分を見つめていく時期だと、私は思っています。

〝自分軸〟がある人は、どんな環境でも芯がブレないし、ファッションにも余裕が生まれます。そして、女性は、自分が向かいたい道に正直になれたら、どんどん美しくなっていきます。

1万人以上のスタイリングをしてきた経験から感じるのは、40歳前後は、ますます素敵になっていく人と、そうではない人の大きな分かれ道だということです。

この時期にファッションを見直すことは、自分自身に向き合い、自分を大切にし、そして自分を好きになることにもつながります。

この本は、そんな大人の女性に、もっとファッションを楽しんでほしい、そしてもっと人生を楽しんでほしいという気持ちをこめて書きました。

おしゃれは自分本位がちょうどいい。「TOP®」のすすめ

あらためまして。スタイリストの山本あきこと申します。
私はファッション誌でスタイリストとして活動するかたわら、一般の女性向けに服のアドバイスを行うライフ&ファッションスタイリストとして、お客様のショッピングに同行したり、ファッションカレッジというスクールを立ち上げて、誰でもできるおしゃれの法則をお伝えしています。

スタイリストとして、同世代から年上の女性たちと一緒に年齢を重ねてきた結果、ひとつ気づいたことがあります。
それは、大人の女性のおしゃれは、「自分本位」くらいでちょうどいいということです。

「自分本位」というのは、自分の気持ちを大切にして、自分らしいファッションを

身につけること。どんな人でも、自分らしいファッションを身にまとうと、自分に自信を持てるようになり、驚くほどキラキラと輝いていくのです。

この自分本位のファッションを素敵に見せるための考え方が、「TPOP」です。

TPOという言葉は、みなさん聞いたことがあると思います。「T＝Time（時）」「P＝Place（場所）」「O＝Occasion（場合）」の略です。TPOに合わせたファッションといえば、時と場所、場合にふさわしい服装の意味です。

もちろん、このTPOは大事です。ファッションは自分のためだけではなく、一緒に過ごす人たちを楽しく気持ちよくさせる役割もあります。ですから、TPOを考えること自体は大切なことです。

けれども、TPOに合わせる〝だけ〟では物足りなくなるのが、大人のファッションです。人に合わせ、他人目線でばかり服を選んでいると、どうしても自分の心がついていかず、しっくりこなくなるのです。

それが、「これまでの服が似合わなくなった」と感じる気持ちの正体です。

そこで、私はこの「TPO」にもうひとつ「P＝Produce（自己プロデュース)」を加えた「TPOP」をおすすめしています。

自己プロデュースとは、まさに〝自分軸〟を持つこと。大人のファッションは、「他人本位から、自分本位へ」と言いかえてもいいかもしれません。

自分がどういう自分になりたいかを考え、どのように自分らしさを演出したいかを考えると、ファッションはとても楽しくなっていきます。

自分らしさを見つけた人は輝いていく

「自分本位のファッションでいい」と言われても、とまどってしまう人もいるかもしれません。

仕事が忙しい方や、お子さんのお世話が大変な方は「自分に目を向けること」自体に後ろめたさがあるかもしれません。コンプレックスや過去のトラウマで、「自分なんかがおしゃれをするのはおこがましい」と思っている方もいらっしゃいます。

でも、そんな人にほど、私はファッションを楽しむテクニックを知ってほしいと思います。なぜなら、ファッションほど手っ取り早く自分を変えられるアイテムはないからです。

自分が好きな服を上手に着こなせるようになったら、今まで以上に自分のことが好きになれます。自分を好きになると心が満たされ、毎日が明るく楽しくなっていきます。

私がこれまでお会いした方々も、ファッションに自信を持つことで、人生に大きな変化が生まれていきました。

婚活がうまくいった、新しい仕事にチャレンジできた、夫との関係がよくなった、子どもとの会話が増えた……など、ファッションにとどまらない嬉しい報告をたくさん受けています。

そして、そういったご報告と同じくらい私が嬉しく感じるのは、「自分を好きになれた」「自信を持てるようになった」「人と比べて落ち込むことがなくなった」「どうせ私なんかと思わなくなった」といった言葉です。

「どれだけたくさん服を買っても似合う服がないと感じていたのに、今では手持ちの服でおしゃれを楽しめるようになった」と言ってくださった方もいます。これもきっと、ファッションを通して自分の魅力に気づき、自分の心が満たされたからだと感じます。

自分の好きな服を着こなせているという自信は、これほどまでに人を輝かせ、人生にパワーを与えてくれるのです。

あなたの「好き」に帳尻を合わせるテクニック

と、ここまで自分本位なファッションの大切さをお伝えしてきましたが、とはいえ「好き」の気持ちだけで突っ走ることができないのも、私たちの世代ですよね。

好きなファッションを楽しみたいと思っても、大人になると、年齢や体型、環境の変化など、ままならない制限が増えます。

この本では、そんな悩み多き（？）大人の女性が、自分らしく、そしてイタくなったり浮いたりせずに、おしゃれを楽しめる方法をお伝えしていきます。

私はこのことを、「ファッションの帳尻を合わせる」と言っています。

「この年齢で、こんな服を着ても大丈夫？」

「体型が変わっちゃったけど、好きなテイストの服は着たい」

「もうヒールは辛いけど、スタイルはよく見せたい」

「ママ友の中で浮きたくないけど、おしゃれでいたい」

こういうときに、ほんの少しの帳尻合わせのテクニックを知っていると、センスよく見えるファッションが手に入ります。

中には、そもそも自分が何を好きかがわからないという人もいるかもしれません。この本ではどうすれば自分の好きなテイストや自分らしさに出合えるかもお話ししていきます。

ファッションは「脳トレ」。センスは不要

ファッションは「脳トレ」です。

そして、コーディネートは「パズル」です。

おしゃれになるために必要なのは、持って生まれたセンスではありません。センスは、大人になってからでも、ちゃんと鍛えられるものです。

私が教えてきた生徒さんたちは、それまでファッションとまったく関係のない仕事についていた人や、主婦の方がほとんどです。

けれども、ファッションを理論的に知り、毎日服を選んで「脳トレ」することで、めきめきと、おしゃれの才能を開花させていきます。今では、ライフ&ファッションスタイリストとして、顧客にアドバイスをしている人たちもたくさんいます。

この力は、みなさん全員に備わっているものです。ですから、「私はセンスがないから」といって、心配せずに、読み進めていってください。

みなさんが、自分らしさを大事にした心地よいファッションで、今よりもっと楽しく、充実した人生を送れるように、この本にありったけの知識をつめ込みました。

ぜひ、自分らしいおしゃれを楽しんでください。

山本あきこ

Contents

第2章

大人体型のための着こなし

065

第3章

色をもっと自由にまとう

113

第1章

大人女性のほどよい色気は「照り」と「品」で作る

まとめ髪には「束感」で色気をまとわせて

⇓
33ページ

赤で大人スイッチを入れる

⇓46ページ

アクセサリーには天然のレフ板効果がある

⇓36ページ

きちんと感のあるファッションは「品」につながる

⇓ 56ページ

シャツ　無印良品(スタイリスト私物)、スカート　UNIQLO、シューズ　WA ORiental TRaffic、ベレー帽　H&M（スタイリスト私物)、めがね　スタイリスト私物、スカーフ Rocco style.、時計　スタイリスト私物、ソックス　無印良品(スタイリスト私物)

メンズライクなアイテムで色気を調整

⇓
58ページ

トレンチコート　Rouge vif la cle（スタイリスト私物）、ジャケット　スタイリスト私物、シューズ　WA ORiental TRaffic、ハット　スタイリスト私物、サスペンダー　スタイリスト私物、ソックス　無印良品（スタイリスト私物）

小さめバッグ&ヒール靴で体の先端に色気を宿す

⇓52ページ

ニット UNIQLO、デニム シンゾーン(ともにスタイリスト私物)、バッグ ダイアナ(ダイアナ 銀座本店)、シューズ ダイアナ(ダイアナ 銀座本店)

「自分が女である」とあらためて意識することの大切さ

ほどよい色気が服をよみがえらせる

これまでの服が似合わなくなったと思ったとき。まず見直すべきなのが「色気」です。今のファッションに、色気を少し足すか、少し引くか。この調整をするだけで、とたんに手持ちの服がよみがえります。

今さら色気なんて、と思った方もいらっしゃるかもしれません。でも大丈夫です！　この場合の色気は、ムンムンに放出する色気や、露出で作る色気のことではなく、ほんのり漂うくらいの色気のこと。「自分が女であることをちゃんと意識しているかどうか」の話です。

私たちはいつの頃からか、色気に対してノーケアになりがちです。わかりやすく

「女子扱い」される機会も減りますし、忙しい毎日に色気どころではなくなるときもあります。でも実はこれが、最近いまいちファッションがしっくりこないと感じる原因のひとつなのです。

以前お客様に「ほどよい色気を出しましょう」と伝えたら、「色っぽい服を着るのが苦手です……」と言われたことがあります。媚《こ》びたり女を売りにしているようで、抵抗があると言うのです。その気持ち、よくわかります。なにより私自身が、20代の頃は彼女と同じように考えていました。フェミニンな服は私のキャラじゃないとも思っていました。でも、あるとき……35歳を超えた頃でしょうか。「年齢を重ねても、綺麗な女性でいたい」と、ふと思ったことがあるんです。そのとき、大人になっても綺麗な女性でいるためには、ほどよい色気が必要だと感じました。丸みや曲線、ツヤやなめらかさ。そういった女性らしさが自分にあることを知って、大切に扱おう。そう思うようになったのです。

すると不思議なことに、体も心も、すっとやわらかく楽になりました。ファッションもそれまで以上にしっくりくるようになりました。

年齢を重ねると、私たちは自分が思っているよりも、色気から遠ざかってしまいます。

たとえば、自分ではカジュアルなつもりでも、色気要素がゼロだと、下手をするとボーイッシュな少年のようになってしまいます。

悲しいことに、自分が女性であると意識することが減る大人世代は、放っておくとどんどん女度が下がってしまいます。ですので、大人になったら、思った以上に色気を足して、ちょうどいいくらいなのです。

生き生きと輝いている大人の女性は、実はみなさん、この「ほどよい色気」がある人ばかり。まずはこの「ほどよい色気」を意識することからファッションを見直していきましょう。

みずみずしさとツヤを与えてくれる「照り」

さて、大人の女性が、この「ほどよい色気」を出すときに、大事になるのは「照り」と「品」です。

「照り」というのは、物理的に輝きを出すこと。照りがあると、みずみずしく見えますし、照りがあるとツヤが生まれます。

若いときにはとくに手をかけなくても、肌も髪もみずみずしく、ツヤツヤしているものです。でも年齢を重ねると、これらは物理的にも減少していきます。だから、大人になったら照りを人工的に加えて、このみずみずしさとツヤを補給しましょう。減ってきたものを足して、ニュートラルに戻してあげる感覚です。

この照りを加えるだけでも、同じ服を身にまとったときの印象は雲泥の差です。エステに行ったり、ダイエットしたりしなくても、今までの服がぐんと洗練されて見えますよ。

具体的には、アクセサリーの輝きや、服の素材感、メイクやスタイリング剤などで「照り」を加えていきましょう。ファッションやヘアメイクに照りがあると、「自分にちゃんと手をかけている人」という印象になり色気が生まれます。

色気を引き算できる「品」

一方で、大人の女性がほどよい色気を醸し出すには、「品」も欠かせません。

品というのは、生まれながらににじみ出るものと思われがちですが、ファッションアイテムでも品を表現することはできます。この品を自由自在にあやつれるようになると、一気におしゃれが格上げされます。

といっても、高級な服を買いましょうということではありません。

ここでいう「品」の核になるのは、「色気をほどよく引き算して、上品に見せてくれるアイテム」と言えばいいでしょうか。

のちほど詳しく説明しますが、品アイテムには、大きく分けて「育ちの良さを感じさせる品アイテム」と「メンズライクな品アイテム」の2種類があります。

こういった品アイテムをコーディネートに投入することで、先ほど言ったような色気ムンムンにならない、「ほどよい色気」が表現できます。

第1章では、この「照り」と「品」の加え方をお伝えします。

大人の女性のファッションに必要不可欠な「ほどよい色気」の作り方を覚えて、今までの服をよみがえらせましょう。

最初に見直すべきは髪の毛

服を買いに行く前に美容室に行こう

先ほど、大人のほどよい色気を出すために必要なのは「照り」と「品」だとお話ししました。この「照り」を意識するとき、真っ先に手をかけてほしいのが髪です。ファッションの本なのに、なぜいきなり髪のこと？　と思う方もいるかもしれません。でも洋服と同じくらい、いえ、大人の女性にとっては、それ以上に大事なのが実は髪の毛。そして髪の照りなのです。

その人の全体の印象を決めるのは、実は髪です。どんなに服を変えても、髪のイメージを変えないと雰囲気はなかなか変わりません。逆に言うと、同じ洋服を着ていても、髪を変えれば、突然あか抜けることもよくあります。

髪にツヤを出したり、分け目を変えたり、同じひとつ結びでも後頭部を少し盛って結んだりするだけで、ずいぶん印象が変わります。とくに、今の自分にもんもんとしている人には、思いきってヘアスタイルを変えることをおすすめしています。何を着てもしっくりこないという人が、前髪を短くしたり、ショートやボブにカットすると、突然パンと弾《はじ》けるように明るくなる場面を何度も見てきました。これは、顔を全面に出すことで、自分の意識が前向きになる効果があるからです。

今の自分になんだかピンときていないという人は、服を買う前に、まず美容院に行ってヘアスタイルをチェンジしてみましょう。「新しい髪に合わせて服を買う」くらいの意識でOK。それくらい、髪は重要なパートです。

スタイリング剤で髪に「照り」を出す

髪の毛の照りは、スタイリング剤で出します。

髪の毛のみずみずしさとツヤは、何にも増して価値があります。「ツヤのある髪は七難隠す」と言っていいくらい。

パサついた髪の毛だと、どんなにおしゃれな服を着ていても一気に老けた印象になってしまうので、髪に照りを足して、若々しい印象を作りましょう。

大人の女性の髪は、思っているよりも乾燥しがちです。その乾燥は見た目にもわかります。ですので人工的に照りを足してツヤっぽく見せるくらいがいいのです。私がお会いするお客様たちはたいてい、「スタイリング剤の量が全然足りていない！」と感じます。会う人、会う人に、スタイリング剤をつけ足してまわっているほどです。スタイリング剤を増やすとべたつきが気になるという人は、頭皮にはつけず、髪の毛の中間から毛先につけてみてください。一度にたくさんではなく、二度に分けてつけるのも良いです。

使うのは、ゆるめのワックスやオイルがおすすめ。髪にすーっとなじむタイプのものなら、表面に照りを足すことができます。だいたい、みなさんが普段つけている2倍の量が目安です。

ハードタイプのワックスは、固まったり白く残ったりしやすいので避けたほうがいいでしょう。ワックスが硬いと感じる場合は、オイルとまぜてなじみやすくするのも手です。

顔まわりの毛で「色気」、後頭部の盛りで「こなれ」を演出

髪をまとめるときは、顔まわりにはらりと毛を落とすのがコツです。顔にかかる毛は気になるフェイスラインを隠して守ってくれる最強の味方！　この毛があると顔に影が落ち、ぐっと小顔に見えるので試してみてください。それだけではなく、顔まわりにゆらっと揺れる毛があると、ほんのり色気も出るので一石二鳥です。

ただし、ここでも大事なのが照り。この顔まわりに落とした毛がパサついていると、疲れた印象になってしまうので、スタイリング剤で束感を出して、「あえて出しているんですよ」感を演出しましょう。

髪をひとつ結びにする人は、「ささっと結んだだけなのに、なぜかおしゃれ」感を醸し出して。ポイントは、後頭部にふくらみを出すこと。後頭部がふわっとしていると、ラフでこなれた印象が作れます。きっちりひとつ結びするよりも、肩の力が抜けた大人の女性の雰囲気に仕上がるのです。やり方は簡単！　一度結んだあと、結び目を押さえながら後頭部の毛を引き出すと、ほどよくカジュアルな空気感が出ます。18ページの写真を参考にしてくださいね。

コーディネートは5つのパートで考える

トップスとボトムスだけがファッションじゃない

突然ですが、みなさんは、コーディネートの要《かなめ》は何だと思いますか？

多くの人は、トップスとボトムスの2つがコーディネートの軸になると考えているのではないでしょうか。でも、実は、コーディネートは5つのパートの組み合わせで考えるのが正解です。

この5つとは、

①上半身（トップス）
②下半身（ボトムス）
③頭〜首まわり（髪、帽子、メイク、めがね、ネックレス、ピアスなど）
④手元まわり（ブレスレット、指輪、ネイル、時計、バッグ、ベルトなど）

⑤足元まわり（靴、ペディキュア、靴下、タイツ、アンクレットなど）

です。しかも、この5つは、どれも20パーセントずつ影響力を持っていると思ってください。

トップスとボトムスはアクセなどに比べて面積が大きいですが、それでも影響力は20パーセントずつ。靴の面積は小さいかもしれませんが、それでも20パーセントの影響力があります。

まったく同じトップスとボトムスでも、スニーカーをパンプスに変えると、その印象はがらっと変わります。手首に指輪やブレスレットを投入するだけでも、やはりその印象は変わります。おしゃれな人は、バッグを頻繁に変えています。

同じような服を着ているのになぜかセンスよく見える人は、①トップスと②ボトムスだけではなく、この③、④、⑤をきちんと意識しています。逆に言うと、新しいトップスやボトムスを買い足さなくても、この③、④、⑤を意識すれば、一気におしゃれ度が上がっていきます。

先ほど髪が重要だといった理由も、もう、おわかりですよね。髪を変えると③の印象が大きく変わるからです。

金属の照りはレフ板効果

小物は大物と心得て

話を「照り」に戻します。

アクセサリーは、もっとも簡単に「照り」を足すことができるアイテムです。ネックレスやピアス、指輪などを「小物」と呼ぶことがあるように、アクセサリーのサイズは小さい。でも、先ほどの「コーディネートは5つのパート」で考えると、この「小物」たちは、なかなかの存在感を放ちます。「小物」どころではなく、「大物」と言ってしまっていいくらい。

とくに、大人の女性に取り入れたい「照り」の視点で考えると、アクセサリーほど手っ取り早く照りを補充してくれるアイテムはありません。

アクセサリーの輝きには、天然のレフ板効果があります。もしこれまでアクセサリーをつける習慣がなかった人は、ぜひ取り入れてみてください。びっくりするくらい顔色がよく見えたり、肌がツヤっぽく見えたりします。

基本ベースはゴールド

アクセサリーの色味は、大きくゴールド系とシルバー系に分けられます。

大人の女性におすすめなのは、断然ゴールド。小さくても華やかさが出ることと、黄色味の強い日本人の肌と相性がいいのがその理由です。男性があまり身につけない色なので、そこはかとなく女性らしさが醸し出されるところもゴールドの特徴です。もし、これからアクセサリーを買い足すのであれば、ベースはゴールドで揃えるといいでしょう。

照りを足すためのアクセサリーは、ジュエリーショップで売っているような高価なものを買う必要はありません。おすすめは普段よく行くファッションブランドで扱っているものを買うことです。ファッションブランドで扱っているアクセサリーは、そのブランドの服と相性のいいものがセレクトされています。お値段もほどよく、手持ちの服とも合わせやすいはずです。

ファストファッションで買うのもおすすめです。GUやH&Mは、1000円以下で可愛いアクセが手に入ります。

大人の女性におすすめなのは、まずは耳元に大ぶりなピアスやイヤリングを合わせること。とくにショートヘアやボブの人は、大きめのものをしていると、それだけでおしゃれ上級者に見えます。大ぶりのものに抵抗があるなら、フープ型のピアスかイヤリングがいいですよ。空間があいているので、プレート型のものほど派手に見えませんし、3~5センチくらいの直径のものであればほどよく存在感があっておすすめです。

次はネックレスについて。大人の女性の綺麗な鎖骨の上に華奢なゴールドのネックレスがのると、それは、もう最高！　胸元のネックレスがレフ板となり、顔映りがパッと明るくなります。基本はプチプラでも充分なのですが、本物のダイヤのプチネックレスなどを、さらりとつけるのも大人ならではのカッコよさですよね。

一方、シルバーには、シルバーのよさがあります。

まず、凜《りん》としたブレない印象になります。少し男性的な雰囲気を足したいときや、強さやパワフルさを表現したいときは、シルバーの出番です。シルバーは華奢なものは目立ちにくいので、比較的大ぶりで存在感があるものを選ぶといいでしょう。

ちょっと今日は色気度数が高いかなと思うときは、ゴールドアクセではなく、シルバーアクセを合わせると、ほどよく引き算されカジュアルダウンできます。

高いものである必要はありません。ネックレス、ピアス、ブレスレットの3点をシルバーで持っておくと、何かと役に立ちますよ。

アクセサリーは色とサイズのバランスで組み立てる

小物の組み合わせ方ルール

アクセサリーを中心とした小物の組み合わせ方には、いくつかルールがあります。まず、指輪をのぞいたアクセや、小物に使われている金具は色を揃《そろ》えたほうがバランスよく仕上がります。具体的には、ピアス（イヤリング）、ネックレス、ブレスレット、ベルトのバックル、バッグの金具などです。ゴールドならゴールド、シルバーならシルバーで合わせましょう。

ただし、指輪だけは別です。指先は別の物語だと思ってください。指先はゴールドとシルバーが混在しても大丈夫です。

次に、先ほど紹介した、34ページの5つのパートでいうと③頭〜首まわり（ネックレス、ピアス）と、④手元まわり（ブレスレット、指輪）で、金属の大きさのバランスをとりましょう。

とくに③の頭〜首まわりは盛りすぎるとやりすぎ感が出ます。ネックレスとピアスが両方小ぶりな場合はいいのですが、どちらかが大ぶりの場合は、どちらかを小さなアクセにするか、思いきって、どちらかをつけるのをやめましょう。同じパート内に大ぶりなものが2つあると、さりげないというよりは頑張っている印象になってしまうからです。

ネックレスやピアスに大ぶりなものを持ってきて、他にも大きめのアクセを入れたいときは、少し場所を離した④のブレスレットを太くするなどしてバランスをとります。

普段華奢なアクセばかりつけている人は、華奢アクセとごつめアクセをまぜてみましょう。マンネリ化していたバランスが変わります。

ここからは具体的な例をあげて解説しますね。

たとえば20ページ上のざっくりニットに合わせたピアスは、かなり大きく存在感があります。こういうときに太いロングネックレスを合わせたりすると、ちょっと盛りすぎな印象に。ここではネックレスと指輪をやめ、ピアスとブレスレットだけにしました。

逆に、20ページ下の白シャツのコーディネートのように、ピアスもネックレスも華奢な場合は、両方つけるくらいがちょうどいいです。この場合、離れた場所の指輪は重ねづけして、手元の照りを増やしました。

21ページ上のピンクのニットのコーデは、シルバーで揃えています。チョーカーとブレスレットは、それぞれ大きすぎず小さすぎもしない、中くらいの存在感。ですから、指輪を4つつけて遊びを入れています。指輪にはゴールドがまざっていますが、指輪の色混合は無問題。

また、ベルトに金属がある場合はさらにその分を引き算して考えます。21ページ下の黒のニットのコーデでは、ベルトのバックルにゴールドが入っています。このバックルは、アクセと同じようにカウントします。ネックレス、ブレスレット、ベルトにゴールドがあるので、くどくならないように耳元はノーアクセにしました。

このように小物は、色を揃えることと、分量を足し算・引き算するとバランスがとれます。

私は、40代、50代までは、アクセは全部盛りにしないほうがいいと思っています。つけすぎると突然老けた印象になるからです。

ただ、これが、60代になってくると、また話は別。アクセも盛り度高めくらいがちょうどよくなります。どれだけ照りを足しても下品にならないのが、60代です。

パールはイミテーションでも充分

パールのアクセも重宝します。とくにひと粒パールのピアスやイヤリングは、ひとつ持っていると驚くほど使えます。「照り」アイテムとしても、パールのツヤはギラつきがなくて上品で最強です。5ミリくらいのサイズが、どんなファッションにも合わせやすくておすすめ。

それから、パールは本真珠でなくてもOKです。私が愛用しているパールピアスは、イミテーションで1500円くらいです。ただし、コットンパールは黄色味が強く、照りも控えめなので、照りアイテムとして使うなら、コットン以外がいいでしょう。

パールはゴールドに合わせてもシルバーに合わせてもＯＫです。ただし、ネックレスとピアス、両方パールにすると、一気に冠婚葬祭感が出てしまうので、どちらか片方だけにしましょう。

もし大きなサイズのパールネックレスやパールピアスがあるなら（しかもそれが本真珠だったりしたら）、あえてカジュアルな服に合わせるのがおしゃれです。白のロゴＴシャツとデニムにパールを合わせ、赤いヒールや赤い口紅なんて、最高に大人です。

指輪と時計の選び方

指輪をつける習慣がない女性は多いのですが、私はすべての女性に指輪の重ねづけを推したいです。指輪の重ねづけに関しては、ルール無用。色も気にせず、つけたいものをどんどんつけてみてください。指輪を重ねづけしている人は、ただものではないおしゃれ感が出ます。

重ねづけ用の指輪もやはり、ジュエリーではなく、普通のアクセサリーで充分です。大人になったら上質なものを身につけなくてはと思っている人は多いのですが、全然大丈夫です。

もしお金をかけるのなら、時計にかけるのはいかがでしょう。毎日つける時計に愛着があると、自分の中の軸も安定します。結婚指輪もこのたぐいに入ると思います。

私は、時計は20年近くずっと同じものを使っています。シルバーとゴールドのコンビの時計で、両方の色味が入っているので、どんなアクセにも合わせやすいです。これから買う人にはコンビの時計、おすすめですよ。

メイクでも照りをひと盛り

赤リップは大人女性の特権

髪と同じように、メイクでも照りを足すことができます。

肌がうるおって見えると、生活もうるおって見えるものです。肌に照りがある人は、公私ともに順調なんだろうな、人生を謳歌《おうか》しているんだろうな、なんてことまで感じさせます。

とはいっても、内側から出てくるみずみずしさには、ある程度の限界があるのが私たち世代。だから、髪と同じく、外から照りを与えて、ツヤを足しましょう。

中には、しばらく同じアイテムやテクニックから、情報が更新されていない人もいるかもしれません。メイクって、古い記憶で止まってしまいがちなんですよね。

でも、そんなときも、チークとシャドウを今年のものに変えるだけで、一気に顔が今年顔になります。シャドウは粒子が細かくてツヤ感があるもの。19ページの写真に掲載しているルナソルは、大人の肌にほどよく明るさを足してくれるのでおすすめです。

チークはコーラルピンク系で血色を整えると、内側からにじみ出るような生き生きとした表情になります。健康的に見せてくれる発色のいいチークは、私たち世代にとってはとても重要です。

逆に、アイブロウなどは安いものでも充分です。眉はどちらかというと、アイテムより形が大事。

眉は時代を表します。私たち世代の若い頃は安室ちゃんメイクをはじめ、細い眉が流行りました。でも、眉はここ10年くらいずっと太めナチュラルが主流です。もし昔の細い眉のままなら、今っぽい太さにするだけで、顔つきが全然変わります。眉が今どきになると、服もあか抜けて見えます。

肌質も若い頃とは変わっているかもしれません。昔オイリー肌だった人も、年齢を重ねると乾燥肌に変わっていたりします。次に基礎化粧品やファンデーションを買うときは、せっかくなので、自分の今の肌質を知る機会にするのもいいですね。

ツヤ肌と同じくらい大人女性を輝かせてくれるのが、赤リップ。これこそ、10代や20代でないからこそ、似合う色。ぶっちぎりの大人のためのアイテムです。ただの白シャツや白Tシャツでも、赤リップをするだけで突然芯の通ったゆるぎない女性に見せてくれます。ヴィンテージの服を着ると老けて見えるという人も、赤リップを合わせれば、モードな雰囲気になります。

この赤リップのよいところは他の部分のメイクは薄くても、女のスイッチがバチッと入るところ。化粧ポーチにはいつも赤リップをしのばせている女性でありたいなと思います。

ネイルもペディキュアもファッションの一部

人の個性やおしゃれは「先」に宿るとよく言われます。髪の先、指の先、足の先……。

人は動くところに自然と視線がいく習性があるので、とくに、手先は意外と見られています。

先ほど、指輪を多数づけしたり重ねづけしたりして照りを足す方法をお話ししましたが、ネイルもやはり「照り」になります。爪を塗ったときの指先の照りは、メイクのツヤと同じように、肌を生き生きと見せてくれます。

手元のネイルは会社で禁止されているという人もいるかもしれません。そういう人におすすめなのは、ペディキュア。とくに、サンダルのシーズンになったら、赤のペディキュアにトライしてみてください。

赤リップも同じですが、体の先端に「赤」を入れると色気が一気に漂い、自分自身の気分もグッと上がりますよ！

ヘルシーな色気の出し方には2種類ある

大人の色気は上半身で醸し出す

ここまでは髪やメイク、アクセサリーなどで照りを足して色気を出す方法をお伝えしてきましたが、アイテム単体で色気を出す方法もあります。

ただし、若い頃の色気と違って、大人の色気は露出面積勝負ではありません。目指すべきは、大人の女性が憧れるヘルシーな色気。そんなヘルシーな色気は、上半身で醸し出しましょう。

まずやわらかい素材の服を着ると、色気が出やすくなります。同じ白のトップスでも、ハリのあるコットン素材だとナチュラルな印象ですが、しなやかなとろみ素材ならフェミニンで色っぽい印象になります。

やわらかく揺れる素材は、それ自体が色気。リブ素材のやわらかいカットソーやしなやかなニット、シルクやレーヨンのようなとろみ素材の服を持っていると重宝します。

形でいうと、髪の毛と一緒で、空気感が生まれる服を着ると色っぽさが出ます。服の中で体が泳ぐ、大きめのシャツやTシャツなどをうまく使いましょう。76ページでも詳しく紹介しますが、ふくよかめな人でも、トップスに大きめサイズの服を持ってくると全身バランスがよくなります。

肌を出すときは、大きくあいた胸元を見せるのではなく、背中や肩を出すのがヘルシー。襟を抜いて着るオーバーサイズのシャツや、オフショルダーのブラウスやカットソーをぜひ着てみてください。デコルテを出すのも健康的な露出でおすすめです。

18ページの背中があいたカットソーなどは、着慣れないうちはドキドキするかもしれませんが、背中あきは露出が大きくてもいやらしくなりません。

肌を出すことは、自分をさらすことでもあります。背中や肩を出し始めたら、不思議と肌つやがよくなったり、体が引き締まったという人も多くいます。

それまで隠していた肌を見せることで、忘れていた「女としての意識」が目を覚ますのかもしれません。内側からじんわりとにじむ色気を感じます。でも、ムンムンな感じじゃないですよ、あくまでヘルシーな色気です。

バッグや靴。角に色気を出す

といっても、肌を出すのに抵抗がある人もいるでしょう。

そういうときは、服ではなく、トライしやすい小物からチェンジしてみてください。アイテムの力を使って、印象に残りやすい体の先端に、色気を宿すのです。具体的には、小さめのバッグを持ち、ヒールの靴を履いてみましょう。

24ページのコーディネートがそうですが、大きなバッグを小ぶりなものにチェンジして、スニーカーやローファーをヒール靴に変えるだけで、突然色気が生まれます。これはなぜかと言うと、小さめのバッグやヒールの靴というのは、男性が使わないアイテムだからです。女性ならではのアイテムを投入すると、そこからほんのり色気が漂います。

他にはとろみ素材のブラウス、シャイニーな色あいの服、パールアクセ、Tストラップやアンクルストラップの靴なども、男性アイテムにはない、女性らしい色気アイテムになります。こういったアイテムを投入すると、わざとらしくない色気が醸し出されます。

見た目と人格が一致すると、幸せになれる

大人女性にとって、自分から離れていた色気を呼び戻すことは、その人の人生が変わる、第一歩になります。

スクールに通ってくれた40代の女性で、会うたびに驚くほど綺麗になっていく方がいました。

最初お会いしたときは、ベリーショートヘアでボーイッシュな印象でした。メイクもほぼすっぴんでめがねをかけています。とてもひょうきんなキャラクターで、いるだけでまわりが明るくなるような存在の女性です。

ただ、お話をするとその底抜けに明るいキャラクターの中に、とても繊細でしなやかな一面を持っている人だということがわかりました。「イメチェンをしたい」

と言う彼女に、私はめがねを一度外してみることを提案してみました。

彼女がものすごい勢いで変わり始めたのはそこからです。まず、めがねを外すとお化粧がしたくなったそうです。肌を出したトップスやスリット入りのスカートにチャレンジするようになると、所作や表情まで変わっていきました。

スクールに通い始めたときには「彼氏が欲しいとは思わない」と言っていたのですが、途中から「恋をしたい気分になってきました」と言って婚活を始め、今年出会って2カ月で結婚が決まったと報告してくれました。

彼女の場合、最初は見た目に彼女の繊細さやしなやかな女性らしさがあまり表現されていなかったのだと思います。でも、ほどよい色気を身にまとうようになって、自分の人格と見た目が近づいてきたのでしょう。人格と見た目が一致すると、何より本人が生きやすくなっていきます。

これまでの経験からも、ファッションと人格がイコールになった人は、一気にギアが入ります。そしてどんどん綺麗になっていくものです。

彼女のファッションで言うと、そのスイッチは、ボーイッシュな自分に、ほんのひとさじの色気を足すことだったようです。彼女の変化と、素敵なパートナーとの出会いを、とても嬉しく思いました。

品を味方につければ、色気を調整できる

育ちの良さを感じさせる品アイテム

「照り」がほどよい色気につながるものだとしたら、「品」はその色気が過剰になりすぎないように、上手に引き算してくれる要素です。

「品アイテム」は、まるで生まれつき持っていたかのような上品さを醸し出し、色気のバランスを調整してくれます。品アイテムを投入すれば、色気がいきすぎてしまう心配もありません。

この品アイテムには、「育ちの良さを感じさせる品アイテム」と「メンズライクな品アイテム」の2種類があります。まずは、「育ちの良さを感じさせる品アイテム」から紹介しましょう。

育ちの良さを感じさせるアイテムとは、つまり、「きちんと感」のある服や小物ということです。これが、品につながっていくのです。もっとわかりやすく言うと、正統派のお嬢様っぽいアイテムと言っていいかもしれません。

22ページに、そんな育ちの良さを感じさせる品アイテムを集めてみました。

ここにある、丸襟のシャツ、プリーツスカート、ベレー帽、スカーフに革ベルトの時計、めがね、バレエシューズなどが、「育ちの良さを感じさせる品アイテム」になります。

頭にサングラスをのせるのではなくベレー帽をかぶると、クラシカルな雰囲気になって品が生まれます。露出していた胸元をスカーフで覆うと、やはり、正統的な品が生まれます。丸襟のシャツのボタンを上までとめて着ると、これもお嬢様的な空気感が出ます。

こういったアイテムをコーディネートに加えると、きちんと感がプラスされ、色気も「ほどよい色気」に中和されていきます。

メンズライクな品アイテム

一方のメンズライクな品アイテムは、その名前のとおり、男性的なアイテムのこと。直接的に、コーディネートの女度を下げるものです。

23ページにあるような、つば広ハット、サスペンダー、ジャケットなどは、もともと男性服からスタートして、女性にも取り入れられるようになったアイテムです。トレンチコートも同じで、もともとは軍で使用されていたコートです。肩にボタンがついている部分がありますが、これは、階級バッジをつけたり、双眼鏡や水筒のストラップが滑り落ちるのを防ぐためのものだったと言われています。革のローファーに長めのソックスを合わせるのも、やはり男性のファッションが起源です。

こういったメンズライクな品アイテムは、女度の高いコーディネートに投入することで、色気をやわらげることができます。

たとえば、白のシャツを着てスリットの入ったタイトスカートをはいているとしましょう。このとき少し色気が強いと思ったら、そこにダブルのジャケットを羽織ったり、あえて足元をヒールではなくローファーにしてみます。そうすると適度な抜け感が生まれ、色っぽさがいきすぎることもありません。

憧れの女性たちは、ほどよい色気をまとっている

第1章では、
・大人のファッションには「ほどよい色気」が必要
・コーディネートは5つのパートで考える。どのパートも同じくらい重要
・照りと品で、色気を足し算&引き算する
といったことをお話ししてきました。

私たちが憧れる大人の女性を頭に思い描いてみると、鍵を握るのは、やはり「ほどよい色気」だなあと感じます。

たとえば、石田ゆり子さん、井川遥さん、篠原涼子さん、吉田羊さん、吉瀬美智子さん、辺見えみりさん、中村アンさん……など、憧れの女性としてよく名前があ

がる方たちを思い浮かべてみると、みなさん、ヘルシーで、いい感じの色気をまとっています。

色気があるといっても決してそれが過剰ではありません。なぜ「ほどよい」バランスを保てているかというと、やはり色気の足し算&引き算が上手だからだと思います。

彼女たちをよく観察してみると、この章で紹介したような5つのパートの全部で、「ほどよい色気」のバランスを自然にとっていることがわかります。

たとえば、篠原涼子さんは、ロングヘアで唇もぽってりしていて、顔まわりパートはかなり色っぽい印象です。

でも、ファッションでは、ジャケットやトレンチコート、ワイドパンツなど、メンズライクな品アイテムを頻繁に着ているイメージがあります。だから、フェロモンムンムンな感じにはならず、女性も憧れるような「ほどよい色気」が醸し出されているのではないでしょうか。

逆に吉瀬美智子さんは、体に沿うようなてろんとした素材のブラウスや、エレガントなワンピースなど、フェミニンで色気たっぷりの服を着ていることが多いように思います。けれども、髪の毛がかなり短いので、その色気がほどよく中和されています。これでロングの巻き髪スタイルだったとしたら、かなり印象は違うのではないでしょうか。

「ほどよい色気」をまとえるようになると、これまでの服が、俄然《がぜん》息を吹き返します。

Column 01

「夫に可愛いと思われたい」。自分の本音に気づけた日。

4年前、スクールに通ってくれたYさんは、当時4歳と1歳のお子さんがいる35歳の専業主婦でした。気立ての優しいお子さん思いのママで、当時は「自分にお金をかけちゃいけない」と思っていたそうです。ご主人がお子さんを見てくれるときでも、「外出するのは3時間だけ」という自分ルールを作り、できるだけ早く家に帰るようにしていた、と話してくれました。

そんな優しくて控えめな彼女が最初にトライしたのは、前髪を短くカットすることでした。「おしゃれになりたい」「あか抜けたい」という彼女の気持ちを、前髪のカットがあと押ししたのです。

安田成美さん似の彼女は、その短い前髪がすごく似合っていました。短い前髪は顔がはっきりと出ます。その髪型にしたことで、彼女は徐々に「自分」を出せるようになっていきました。手に取る服も、ほっこりしたものからシャープでかっこいい雰囲気の服が増えていきました。ご主人も、そんな彼女を応援してくれ、スクールの日は、快くお子さんを見てくれていたそうです。

彼女自身も、それまでは何をするにでも、「子どもを優先しなきゃ」と思っていたのが、自分が楽しいと思える時間も大切にしようと考えられるようになってきたのだとか。


あるスクールの日、彼女が熱を出してしまったことがありました。けれども彼女はなんとかベッドから這い出て、行こうとしました。

そんな彼女を見て、ご主人は「どうしてそんな無理をしてまで、ファッションの勉強がしたいの？」と彼女に聞きました。その口調に責める様子はなかったものの、その言葉を聞いた彼女は涙が止まらなくなってしまったそうです。そして思わず、「あなたが、可愛いと言ってくれないからでしょ！」と、大きな声が出てしまったと言うのです。

そんな言葉が、自分の口をついて出てきたことには、彼女自身が一番驚いていました。そして「ああ、そうか。私は、子どもが一番大事だといつも口に出していたけれど、心の底では、夫に愛されたい、夫に理解してもらいたいって思っていたんだなあ」ということに気づいたと話してくれました。

その日をきっかけに、Yさんはご主人に、「本当に自分が思っていること」を腹を割って伝えられるようになった、と言います。

「おしゃれになることは、自分のわがままじゃない。自分が幸せになることは、家族も幸せにするのだと気づきました」と、Yさん。それまでも、仲のいいご夫婦でしたが、今はさらに対等なパートナーとして信頼し合っています。

第2章

大人体型のための着こなし

上半身ゆとり×下半身フィットは大人女性のベストバランス

⇓78ページ

シャツ　koe(スタイリスト私物)、パンツ　Rocco Style.、バッグ　J&M DAVIDSON(スタイリスト私物)、シューズ　ダイアナ(ダイアナ　銀座本店)

細身パンツは「補正下着」

⇓80ページ

デニム　UNIQLO、
アンクルパンツ　UNIQLO

試着時は全身鏡で「横から」チェック

⇓86ページ

ニット　Mystrada、
パンツ　STUNNING LURE
（ともにスタイリスト私物）

細い部分は「探して、出す」

⇓90ページ

大人女性こそ鎖骨を活かす

⇓92ページ

フラットシューズは尖ってるor甲見せタイプを選ぶ

⇓98ページ

イエローパンプス　ダイアナ（ダイアナ　銀座本店）、ピンクパンプス　WA ORiental TRaffic、シルバーベルトパンプス ORiental TRaffic、シルバーパンプス　UNIQLO、白パンプス　ダイアナ（ダイアナ 銀座本店）、グリーンパンプス　ORiental TRaffic

体型は変わるのだ、とまずは認める

洋服は補正下着のようなもの

これまではキマっていたコーディネートが、何かしっくりこなくなったとしたら。今まで好きだったテイストの服が突然うまく着こなせなくなったら。それは、大人になって体型が変わったことが、関係しているかもしれません。

でも、心配しないでください。そんなときほど、ファッションテクニックと脳トレの出番です。

年齢を重ねると体型が変わるのは、ごくごく自然なことです。下半身や二の腕、背中などの肉づきがよくなります。そしてそのお肉も下に下がりやすくなります。一方で、手や足の甲、首まわりや鎖骨まわりのお肉は落ちやすくなって骨ばっていきます。

これは、誰にでも訪れる変化です。

でも、この体型の変化に、ノー対応なのはもったいない！　ファッションの力を使って、いくらでも体型をカバーできるからです。

洋服は補正下着のようなものです。5キロ痩せるのは大変ですが、5キロ痩せて見せるのは簡単です。逆に、細くて貧相に見えてしまう場所を、ふっくら健康的に見せることも、ファッションの力を使えば簡単にできます。

でもそのためには、まず、「今の自分の体型に合う服を着る」という意識の切り替えが大事になります。

体型が変わったときこそ、アイテムの力を借りる

年齢を重ねても美しく綺麗に服を着こなしている人は、この体型の変化をわかった上で、上手に服の力を借りています。自分の体型の変化に向き合って、今の体型だからこそ綺麗に見えるバランスを取り入れています。

この章では、大人体型を美しく見せるためのアイテムや、具体的な取り入れ方をお伝えしていきます。

中には、これまで敬遠してきたアイテムやコーディネートもあるかもしれませんが、まずはだまされたと思って、トライしてみてください。

体は意外と正直です。フィットしたものを着たり、肌が少し出たりするだけでも、その部分は引き締まったり、ツヤが出てきたりします。

逆に、体をすっぽり隠す楽なファッションを毎日着続けていると、体もどんどん楽をしてだらけていきがちになります。

ちょっと勇気がいるかもしれませんが、自分の体型を一度直視してみましょう。

そして、気になる部分は上手にカバーしながら、ときには軽く活を入れながら、大人体型を綺麗に見せてくれるファッションを手に入れましょう。

上半身にゆとり、下半身にフィット感

ファッションバランスには4つある

これまで私が出した3冊の本の中では、基本的に服はジャストサイズで着るのがいいとお話ししてきました。

ベースの考えとしては変わらないのですが、体型が変わってくる大人女性の場合、ある程度シルエットにメリハリをつけたほうが、体のラインがすっきり細く見えます。

また、肩の力が抜けた大人のリラックス感を出すためには、ジャストサイズのアイテムだけではなく、そこに加えるゆとりのあるアイテムが、力を発揮してくれます。

ファッションのバランスは、大きく以下の4つに分かれます。

①上半身フィット×下半身フィット
②上半身ゆとり×下半身ゆとり
③上半身フィット×下半身ゆとり
④上半身ゆとり×下半身フィット

ここで言う「フィット」というのは細身のアイテムや、縦に長いアイテムだと思ってください。「ゆとり」というのは、ボリュームのあるアイテムや、横に広がりのあるアイテムだと思ってください。

実は、どんなに新しい服を買っても、このバランスが変わらない限り、印象は変わりません。ですから、バランスを意識することはとても大事です。

①の「上半身も下半身もフィット」した服を着る人は、おそらく大人女性では少数派ではないでしょうか。なかなか勇気のいるバランスなので、ほとんど見かけないように思います。

逆に、大人女性に多いのが、②と③の「下半身にゆとり」を持たせるバランスです。どうしても、下半身が気になるお年頃なので、フレアスカートやワイドパンツを使いがちですよね。

でも、それがマンネリを生みます。

「何を着ても同じ雰囲気になってしまう」というマンネリから脱出するには、この、②や③のバランスから、別のバランスにチェンジしてみましょう。

何にチェンジすればよいかと言うと、④の「上半身ゆとり×下半身フィット」のバランスです。

大人体型のベストバランスは上半身ゆとり×下半身フィット

大人体型にもれなくおすすめのバランスは④の「上半身ゆとり×下半身フィット」のバランスです。

ふくよかな人にも、細い人にも、どちらにも似合いやすく、メリハリを出して体型を綺麗に見せてくれます。

たとえば、67ページで着たコーディネートのように、ボリュームのあるビッグシャツに、黒の細身のパンツを合わせると、それだけでメリハリのある印象になります。太ももやお尻が気になる人でも、トップスにボリューム感があれば、その対比で下半身はすっきり見えます。

これ以外にも、丈が長めのジャケットに細身のパンツを合わせるのもおすすめ。ゆったりとしたニットや、体が泳ぐとろみブラウスに、細身のスカートを合わせるなどのコーディネートは、どんな人でもメリハリのある印象を作ることができます。

これまでフレアスカートやワイドパンツなどをずっとはいてきた人が、細身のパンツをはくのは勇気がいるかもしれません。でも、大丈夫です。細身のパンツは、必ずあなたの体型をすっきりとカバーしてくれます。

私のお客様も、ショッピングで細身のパンツをおすすめすると、ほとんどの方が「無理です～」とはじめは抵抗されます。

でも「だまされたと思って、一度はいてみてください」と試着していただき、鏡で全身を見ていただくと、「あれ？　むしろ細いパンツのほうが痩せて見える？」とみなさん、おっしゃいます。細身パンツは、大人女性の強い味方なのです。

では、この細身パンツの選び方をお伝えしますね。

体を引き締める神パンツの選び方

細身のパンツこそ補正下着

私はよく、「細身のパンツは補正下着」と言っています。それくらい、最強アイテムです。「下半身フィット」を手に入れるためにも必須のアイテムです。中でも最初におすすめするのは、黒のテーパードパンツ。テーパードパンツというのは、太ももから足首に向かって細くなるシルエットのパンツのことです。このテーパードパンツは、太い部分と細い部分のメリハリがついて、結果的にはワイドパンツよりも脚が細く見えます。

ポイントは足首を見せること。どんな人でも、足首は、脚の中で一番細い部分です。この「一番細い部分」を出すことで、脚全体がすっきり細く見える効果があります。

テーパードパンツの中でも、とくにおすすめなのは、68ページ左で紹介したユニクロのアンクルパンツです。これは、最初から足首が出る長さで作られていて優秀です。さらにセンタープレスが入っているので、縦のラインが強調され、脚長効果も期待できます。

ただし、太もも部分にたるみがあったり、お尻にシワがよったりしていると、逆にもたついて見えてしまいます。必ず試着してから買うようにしましょう。ユニクロよりもやや高くなりますが、プラステのテーパードパンツも、ラインが綺麗でおすすめです。

隠すのではなく出す。細く見える「いましめアイテム」

実は、私が自分のファッションブランドを立ち上げたときから、必ず作りたいと思い、お届けしたのも、黒の細身のパンツでした。

このパンツは、これまでゆとりボトムスばかり着ていて、細身のパンツを避けてきた人に〝こそ〟トライしてほしいと思い、こだわりをもって作りました。

「これまで、下半身は隠したほうがいいとばかり思っていたけれど、細いパンツをはいたほうが痩せて見えることに驚いた」という声をたくさんいただきました。このパンツに限らず、いい細身パンツに出合うと「どうして今まで避けてきたのだろう」と思うくらい、やみつきになります。

細身のパンツの良さは、体型が綺麗に見えるだけではありません。細身のパンツは、言ってみれば「いましめアイテム」です。スカートはパンツに比べると体のラインが見えないので、気づけば体のラインがゆるんでしまうおそれも。でも、細身のパンツは体のラインがはっきり出るので、お腹をひっこめようとしたり、お尻を引き締めようと思う「いましめ」の気持ちが、意識的にも無意識的にも働きます。そんなパンツをはいていると本当に体も引き締まってきます。

「痩せたら買おう」では残念ながら一向に痩せません。むしろ「買ったら痩せる」と思って、1本手に入れてください。それでも抵抗があるようでしたら、後で紹介するロングカーデやジレ、ジャケットなどと合わせましょう。

フィットデニムもヘビロテ間違いなし

もう1本、フィットするパンツを買うとしたら、ブルーデニムがおすすめです。

68ページ右で紹介したような、インディゴブルーの細身デニムは、使い勝手がいいですよ。

デニムはブランドによって型が違うので、とにかく数を試着することです。高ければいいというわけではなく、自分の体型に合えば、どのブランドのものでも大丈夫です。

ZARAやGAPは、サイズが豊富なので、どんな体型の人でもフィットするデニムが見つけやすいです。とくにZARAは、もともと足首が出るアンクル丈で、切りっぱなしのデザインのものがおしゃれです。

ミラ オーウェンや、マウジー、スライなども、日本のブランドらしく、日本人の体型を知り尽くしたいいデニムが揃っています。おまけに値段も手に取りやすいです。

脚の長さは股上の深さで操ることができます。ハイウエストのデニムをはくとウエストの位置が上がって見えますから、脚も長く見えます。このハイウエストデニム分野で神デニムと言われているのが、GUのハイウエストストレートジーンズ。まさに補正下着ばりのガード感で、ウエスト位置を上げてくれ、ぽっこりお腹もほどよく包み込み、きゅっと引き締めて見せてくれます。形はストレートで、縦長感を演出してくれるので、フィットしすぎないデニムがいいという方におすすめです。

ちなみに、細身デニムは引き締め感を出したいので色の濃いインディゴがいいのですが、ストレートデニムはインディゴではなく、ブルーデニムや、さらに薄い水色デニムもおすすめです。これは、色あせたようなブルーのほうが、デニムをはきこなしている印象になるからです。はき始めた初日からこなれたリラックス感が出て、大人の女性の余裕を感じさせます。

色あせたブルーデニムは、私にとっては、ジェーン・バーキンのイメージ。白シャツにブルーデニムにパンプスを履き、赤いリップをオンするだけで、大人のこなれた雰囲気が完成します。

パンツはポケットとステッチが命

デニムに限らず、パンツには、脚が長く見えるパンツとそうではないパンツがあります。

まず、お尻にポケットがあるかないかは大きな差。このポケットが上のほうについているだけで、脚が長く見えます。少し上のほうにポケットがついているパンツは、脚長効果と小尻効果が増します。実際のポケットではなく、スリット（切り込み）やボタンがついているだけのパンツもありますが、これでもOK。スリットがあるだけで、何もないパンツよりも、脚は断然細長く見え、ヒップも上がって見えます。

デニムの場合、ポケットがまっすぐついているものより、少し「ハ」の字になっているもののほうがヒップアップして見えます。お尻がきゅっと真ん中に集まっているように見えるからです。ステッチの位置も上にあるほうがいいでしょう。試着したときに、いつもの自分のお尻よりも上がって見えるのが理想です。こういうパンツに出合ったときは、はいた瞬間わかるものです。

さらにもうひとつチェックするとしたら、ふくらはぎ下の部分。この部分がまっすぐだと、脚の形もまっすぐ綺麗に見えます。ひざ下がすっきりすとーんと流れるパンツに出合ったら、あなたにとっての神パンツです。

体に合う服を着るだけで5キロ痩せて見える

チェックすべきは横の姿

ここで一度、試着のポイントを整理しますね。

私たちはたいてい、正面から見た自分の姿しかチェックしていません。でも、ファッションは、正面だけで完結しているわけではありません。試着するときは、360度、横の姿や後ろ姿もチェックしましょう。

たとえば、フロントにタックが入ったハイウエストのパンツ。正面から見たらスッキリして見えるのに、横から見るとタックがふくらみすぎてお腹がぽっこり見えてしまっていることもあります。ギャザーの数が多いスカートも、横から見ると実際以上にウエストが太く見えていることがあります。

パンツでもスカートでも、試着したら必ず試着室から出て靴を履いてください。

そして、横からはどう見えるか鏡に映して、お腹まわり、腰まわりが綺麗に見えるかを確認してください。69ページのような感じです。

スカートは、基本的にはウエストではきます。お腹まわりのデザイン、ひだの大きさ、シワがよっていないかどうか。タイトスカートであれば、お尻まわりのフィット感、後ろから見たときの丈の長さなども確認しましょう。

パンツの場合は、とくに後ろ姿が命です。前に話したように、お尻が補正下着をはいたときのようにきゅっと持ち上がって見えていたら、それはあなたにとっていいパンツです。後ろ姿はそのままでは見えないので、お店の人にも見てもらうのがいいでしょう。

また、服はただ着るものではなく、着こなすものです。シャツだったら袖をまくる、襟を立てる。トップスをパンツにインしたら、必ずブラウジングさせる（たるませる）……。ここまでして、初めて「着こなす」と言います。試着もただ袖を通すだけではなく、着こなしも含めてチェックしましょう。

バランス美人になる自撮りのすすめ

私は、3年前から、一般の女性向けに、誰でもおしゃれの法則を身につけることができるファッションカレッジというスクールを始めました。そこで参加者のみなさんに必ずやってもらうのが、毎日の自撮りです。実は自撮りほど、ファッションセンスを爆上げしてくれる習慣はありません。SNSにアップする、しないは別として、数週間自撮りを続けると、一人残らずどんどんあか抜けて綺麗になっていきます。

自撮りをするとおしゃれになる理由はいくつかあります。

・自分の全身バランスを客観的に見ることができるようになる
・似たようなバランスのコーディネートばかりしていないか確認できる
・自分の持っているアイテムに偏りがないか確認することができる
・コーディネートの脳トレになる
・コーディネートしやすい服がわかるようになる

・もっと綺麗になりたいという気持ちがわいてくる

などなど。

自撮りをするときはポイントがあります。それは「カメラアプリ」を使い、少し写真を盛って撮影すること。気分も上がり続きやすくなります。また、全身が映る鏡を使って撮影するのもいいですし、カメラを固定して自撮りモードにするものいいでしょう。

友達とＬＩＮＥグループを作り、お互いに写真を交換して感想を言い合うのもいいと思います。スクールでは、全員がＳＮＳグループで毎日その日のコーディネートをアップしていて、みんながどんどんおしゃれになっていく姿を目の当たりにできるので、モチベーションも上がるようです。

センスは持って生まれたものではなく、必ず鍛えることができます。そのために必要なのは、自分の今の姿をきちんと直視することです。

①左右後ろもしっかりチェックすることと、②自分の全身を客観的に見ることで、どんどん綺麗になっていきますよ！

細い部分は「探して、見せる」

足首で細さ、足の甲で筋を出す

先ほどご紹介した、黒テーパードパンツの足首見せもそうですが、大人体型を細く見せるためには、太い部分を隠すのではなく、むしろ細い部分を出すと考えるとうまくいきます。

具体的には①足首を出す、②足の甲を出す、③首筋やデコルテを出すの3カ所で、細さを表に出します。

たとえば、70ページのように、スカートの先からちらりと見える足首が華奢な印象を与えてくれます。下半身が気になる人でも、太ももより、ふくらはぎより、足首は絶対細ぃ！　脚の中で一番細い部分を出すことで、全体が細く見えるのです。

パンツでも同じです。24ページのような、なんてことのない白のニット×デニムのコーディネートでも足首が出ているかどうかで、見た目体重が3キロから5キロくらい変わって見えます。

パンツは、足首が見えるアンクル丈の長さではくのがおすすめです。

足の甲を見せるとさらにGOOD。甲は筋張っているので、サンダルやパンプスで足の甲を見せると、やはりほっそりスマートに見えます。

「自分の甲はぷにっとしていて、筋がない！」という人でも、ヒールを履くと、筋が出てきます。ヒールが苦手な人も多いかもしれませんが、ときには、あえて自分の足に負荷をかけて「筋」の存在を思い出させることも大事！

寒い時期は足首や足の甲を出すと冷えてしまうという人もいると思います。こういうときは、素足色のストッキングをはいてもOKです。

華奢になった首筋と鎖骨は大人になったからこそもらえるプレゼント

首筋や鎖骨を見せるトップスもおすすめです。若いときに比べて、首筋や鎖骨の骨が目立つようになったという人は多いのではないでしょうか。この一帯のお肉が落ちやすくなっているからですが、この「華奢になった首筋と鎖骨」は、大人になったからこそもらえるプレゼントです。ここを出さない手はありません。

とくにふくよかな人や、胸にボリュームのある人は、肌にハリがあって首まわりや鎖骨まわりが綺麗なので、この部分を出すと細く見えるだけではなく、若々しい印象にもなります。

71ページでは深めのUネックの服を着た上から、大きめのジャケットを羽織りました。このような鎖骨見せ＋ビッグボリュームの羽織りは、顔まわりをすっきりシャープに見せてくれます。これ以外にも、深めのVネックを着たり、シャツのボタンを2つあけるのもいいでしょう。シャツのボタンを深めにあけてもいやらしく見えないのが、大人女性のいいところです。シャツの襟を立てる着こなしも、首筋や鎖骨の骨が綺麗に見える大人になってからのほうがサマになります。

女の自覚をよみがえらせる

お客様にデコルテを出す服をおすすめすると、なぜかみんな「ぱーん！」と弾けたように、輝いていきます。たぶん、デコルテを出すことで、意識的にも無意識的にも、見られているという気持ちや、ケアしようという気持ちが働くからでしょう。肌がちょっとかさついていたらクリームを塗ろうかなと思ったり、リンパマッサージをしようかなと思うことで、うっかりどこかに落としてきてしまった、女性としての自覚がよみがえってきます。

私はこの女としての自覚が、どんなサプリメントよりも、女性を綺麗に輝かせてくれると思っています。

綺麗で細い部分を出すと、その部分がより綺麗になっていき、あなたのファッションに「自信の核」を作ってくれます。「自信の核」ができるとよりおしゃれが楽しくなり、また自信がつくという好循環に入っていきますよ。

体型変化に気づいたら、形と素材を変えてみる

アイテムで、バランスの帳尻を合わせる

冒頭でお話ししたように、大人の女性のコーディネートで大事なのは、「自分本位」であること。ただし、年齢を重ねて体型が変わってきたら、好きなものを素敵に着こなすための「帳尻合わせ」が必要になってきます。

この帳尻合わせさえできれば、今までどおり、自分の好きなアイテムや、自分らしいファッションが楽しめます。

ここでは、とくに大人女性が体型が原因で陥りやすい悩みを、ファッションの帳尻合わせで解決するテクニックをお話しします。まずは、アイテムの「形」を変えて体型をカバーする方法です。

まず取り入れるべき帳尻アイテムは、ロングカーデ

ファッションにアクセントをつけるためにも、重ね着する服としても、カーディガンは重要アイテムです。

ただ、40歳前後になると、クルーネック（丸首）のショート丈のカーディガンは、人によっては似合わなくなってくるかもしれません。ひとつは、丸首が少し幼く可愛らしい印象になるため。もうひとつはショート丈だと、下半身がはっきり出てしまうことが主な理由です。

私は大人の女性には、ロングカーデをおすすめしています。ロングカーデは丈が長い分、ウエストやお尻まわりもカバーできるので、安心して着ることができます。しかも縦に長い印象を作ることもできるので、大人が頼りたいフィットアイテムの筆頭といってもいいでしょう。

ボタンはあってもなくてもいいですが、できるだけ装飾の少ないシンプルなもののほうが使いやすいです。ガウンのような形を選ぶといいでしょう。グレーやベージュ、オフ白のような、ベーシックな色味のものを持っていると役立ちます。

また、ジレという、ロングカーデの袖なしバージョンのようなアイテムもおすすめです。ロングカーデ同様、縦に長い「Iライン」を作ることができるので、すっきりしたシルエットになります。身長も高く見えますよ。トップス1枚とボトムス1枚の普通のコーディネートにジレを合わせると、それだけで「わかっている感」が出ておしゃれです。

ジレはVネックで、ひざ丈、もしくはひざより少し下くらいの丈のものがコーディネートしやすいです。色は黒やトレンチコートの色に近いベージュが使いやすくておすすめ。

ロングカーデもジレも、縦に長い印象を作るのには向いているのですが、重心が下に下がるので、中に着る服はコンパクトにするのがコツ。ジレであれば、丸首か細身のタートルを合わせるなど、首まわりに装飾のないものを選んで。

大人こそ、シャツワンピを持つ

縦に長い印象を作るアイテムとしては、シャツワンピもおすすめです。

ボタンをしめてワンピースとして着てもいいですし、インナーを合わせてカーディガンのように羽織ってもいいでしょう。黒、白、ベージュのシャツワンピは、どんなインナーとも合わせやすいので、とにかく使えます。丈はひざ下のものが、１枚で着るにも重ね着するにも使えます。

それからジャケットもヒップを半分包むくらいのほうが、こなれ感が出ていいでしょう。お尻まわりも守ってもらえますし、大人体型と相性がいいので、チェックしてみてください。

77ページで、大人の女性が体のラインがはっきり出る「フィット×フィット」のバランスのコーディネートをするのは、なかなか難しいとお話ししましたが、もちろんそのバランスが好きな人は、大人になったからといって、あきらめる必要はありません。

そういう場合は、先ほど紹介したような、ゆとりのあるジャケットや、ロングカーデなどで体を覆ってあげて、帳尻合わせしましょう。

体型を守ってくれる素材を味方につける

体のラインを出したくないときは、アイテムの素材感を意識するといいですよ。

ハリのある素材の服は、あまり体のラインをひろわないので、「守ってもらえる感」があります。

具体的には、レザーや厚手のコットン、チノ素材、しゃかしゃかのナイロン素材、スウェード素材などが、体のラインを隠してくれます。

逆にシフォンやレーヨン、レース、そしてハイゲージ（目が細かい）ニットなどは、体のラインが出やすい素材なので、ジャストサイズのものを選ぶとはっきり体型が出ます。もしこういう素材の服を着たいけれど、体のラインはあまり出したくないという場合は、1サイズ上のものを選んだり、体が中で泳ぐくらいのサイズを買うといいでしょう。

ヒールの靴が苦手な人に

ヒールの靴は、履くだけで足が長く見える効果があるので、体型カバーにはもってこいです。ヒールの靴を履くときゅっとお尻が締まり、ふくらはぎの位置が上がるので、体を鍛える意味でも時々履いたほうがいいと思います。ゆるい服ばかり着ていると体が甘えてだんだんたるんでくるのと同じで、スニーカーばかり履いていると脚はどうしてもゆるんできます。

でも、事情があって高いヒールが履けない人、苦手な人もいると思います。そういう場合は、フラットシューズでもいいので、形がポインテッド（つま先が尖った）のものを履いたり、甲が広めに見えるタイプのものを選びましょう。これだけでも、足先がシャープな印象になり脚長効果も狙えます。

72ページに大人の女性におすすめしたい、ポインテッドのぺたんこシューズを集めてみました。

足元はファッション全体の印象の20パーセントを占めます。この足元を、スニーカーやスリッポンから、このようなポインテッドに変えるだけで、全身のバランスが変わって見えますよ！

悩み別、アイテム&コーディネート攻略法

ここからは「大人女性あるある」の、気になる悩みごとに、選ぶべきアイテムやコーディネートの工夫をお話ししてきます。

二の腕が太い、たるみが気になる場合

二の腕が気になる人は、二の腕と袖口の間に隙間を作るのがポイントです。ピタッと張りつく袖ではなく、広がりのある袖を選びましょう。また、透け感のある素材を選ぶと、二の腕の太さがぼやけるので、強調されすぎず細見え効果が狙えます。

おすすめは、袖の切り替えが下のほうについたドロップショルダーや、すそが広がるフレアスリーブ、モモンガのような形をしたドルマンスリーブ。二の腕に張りつかないので、腕の形が気になりません。

二の腕から視線を外すという手もあります。たとえばオフショルダーのトップスで肩を出したり、深Vネックやスクエアネックで鎖骨を見せたりすると、そちらに

視線が集まるので、二の腕に目がいきにくくなります。

逆に避けたほうがいいアイテムは、パフスリーブ。二の腕が強調されやすくなります。また、キャミソールはストラップが細いので、それに対比して腕が太く見えやすいので注意。ピタTなど腕にフィットするアイテムを着たいときは、胸元が大きくあいたタイプなどにして、視線を散らしましょう。

胸が大きい場合

胸を強調しないようにするためには、できるだけ首まわりにあきをつくること。首からバストまでの距離が長い、首がつまった服ほど、胸が目立つからです。

おすすめなのは、首まわりがすっきり見えるVネック、まっすぐ横にあいているボートネック、Uネック、スクエアネックなどの、首元があいて鎖骨が見えるトップスです。また、ビッグシャツやメンズサイズのトップスなど、身幅が大きなものもいいでしょう。

逆にタートルネックやハイネック、クルーネック（丸首）、襟のつまったシャツなどは、胸の大きさが強調されやすいので要注意です。もしタートルネックを着たいなら、オフタートル（首元があいているタートル）を選びましょう。

胸下に切り替えがあるトップスや、胸元にフリルやギャザーがあるものも、一歩間違えるともっさりした印象になります。

また、厚手のローゲージ（目が粗い）ニットを、胸が大きな人が着ると太って見えがちなので注意して。

胸、鎖骨まわりが貧相な場合

年齢とともに鎖骨が綺麗に浮き上がるのはいい変化のひとつですが、もともと痩せている人の場合、胸元が薄くなりすぎて貧相に見えることもあります。

こういう場合は、ぴったりしすぎるトップスではなく、身幅にほどよくゆとりのあるトップスを選びましょう。重ね着で上半身にボリュームを出すのも◎です。

また、ハイウエストのボトムスを合わせると視線が薄い上半身ではなく、ウエストあたりにいくので、これもおすすめ。

首まわりがあきすぎていないトップスや、胸元にギャザーやフリルなどデザインが施されたシャツやブラウス、厚手素材やハリのある素材のトップスもいいでしょう。スカーフを首元にきゅっと巻くのも鎖骨まわりに自然とボリュームを作ってくれておすすめです。

逆に避けたほうが無難なのは、深いUネックやVネック。てろんとした素材のトップスも、胸元がぺたーっとした印象になりやすいので気をつけて。

ウエストにくびれがない、寸胴の場合

どこかにボリュームがあるトップスを着ると、相対的にウエストが細く見えるので試してみてください。

トップスの前だけインするなど、ウエストを全部見せないのもコツです。このときの分量は、パンツの前身頃についている、ベルトループからベルトループまでの幅にしておくと、バランスよく見えます。

おすすめのアイテムは、ウエストが絞られたペプラムトップスや、胸下で切り替えのあるトップスなど。これに上からカーデやジャケットを羽織ると、よりウエストが目立たなくなります。トップスを全部インする場合は、ウエストに太めのベルトがついたボトムスがいいでしょう。フレアスカートも、下にボリュームがあるの

で、相対的にウエストが細く見える効果があります。

逆に避けたほうがいいのは、ニットのリブトップスなど、体にぴったり沿うものです。

お尻が大きい場合

お尻が気になる人は、大人女性の王道バランス、「上半身ゆとり×下半身フィット」の法則を意識しましょう。

合わせるトップスはタイトすぎず、身幅がゆったりして体が泳ぐものにして。アイテムは、ゆるニットやビッグシャツなどがおすすめ。先ほど紹介した、ロングカーデやジレなどもお尻を隠してくれるので最適です。

ボトムスは、パンツでもスカートでも、体型をひろいすぎないしっかりした素材を選ぶと安心感があります。また、縦ラインを強調してくれるセンタープレス入りの、まっすぐラインの細みストレートパンツもいいです。丸みのあるヒップラインをすっきり見せてくれます。

ストレッチのペンシルスカートやピタッとした細身パンツなどは、お尻の形がはつきり出ます。もし、これらのアイテムを着たい場合は、「上半身ゆとり×下半身フィット」の法則に則ってトップスを大きめにしてバランスをとりましょう。

太ももが太い、張っている場合

太ももまわりにゆとりのあるボトムスを選びましょう。パンツなら、68ページで紹介したようなテーパードパンツ。足首を出すとそちらに目がいき太ももが気にならなくなります。タック入りのパンツはデザイン性があり、太ももまわりにゆとりも生まれるので、太ももが目立ちにくくなります。

スカートの場合は、ミモレ丈（ふくらはぎ下）のスカートがおすすめ。太ももがしっかり隠れ、ふくらはぎの下からの細い部分だけが見えるので、痩せて見えます。逆に避けたいのは太ももにぴたっと沿うラインのパンツやストレッチ素材のタイトスカート。タイトスカートをはきたい場合は、生地がしっかりしていて、ウエストにベルトが施されていたり、スリット入りで隙間ができるようなものがいいでしょう。

ワイドパンツは問題ありませんが、フレアパンツは、太ももが強調されるタイプのパンツなので、この悩みの人には向きません。

脚が短い場合

人は、ウエストから下は全部脚だと認識します。ですから、脚が短い人はボトムスを選ぶときに、ハイウエストのものや、ウエストにベルトやリボン付きのものを選べばウエスト位置を視覚的に底上げできます。

スカートは全般的に好きな位置にウエストを持ってこられるので、脚を長く見せたいときにはうってつけです。逆に腰ではくタイプのローライズパンツは脚が短く見えてしまう恐れも。パンツを買うときはとくにウエスト位置が低すぎないものにしましょう。

デザイン的には、センタープレスのパンツやピンストライプのパンツは縦のラインが強調されて、脚長効果抜群！

ヒールの高い靴を履くと脚が長く見えるのはもちろんなのですが、72ページで紹介したようなポインテッドで甲が見える靴もやはり、脚がすっと長く見えます。

スニーカーを履くときは、ハイカットのスニーカーを選んで。中にインソールを入れることができて、隠れ脚長効果を発揮することができます。

足首が太い場合

足首が太い人は、パンツを選ぶときに、足首とパンツの間に空間を作り、間口を広くするのがコツです。二の腕で悩んでいる人と、基本的な解決法は同じですね。アンクル丈（足首丈）のワイドパンツなどがおすすめ。レギンスをはきたい場合は、足首にスリットの入ったものを選ぶとぴったりとしすぎず空間が生まれるのでいいでしょう。スカートはフレアスカートや丈の長いマキシ丈のスカートがいいです。

靴選びも重要で、ショートブーツを選ぶときは足首の部分がフィットしすぎていないものを選びましょう。パンプスなら、甲が浅めなタイプにして足首から足先までを多めに見せることで視線をバラけさせて。

帳尻を合わせればNGアイテムも着られる

ここまでよく聞く体型の悩み別におすすめのアイテムと、避けたほうがいいアイテムを紹介してきました。

ただ、避けたほうがいいアイテムでも、上から羽織りものを着たり、それ以外の部分に目がいくように工夫したりすればカバーできる場合もあります。

ファッションは自分本位。楽しんだもの勝ちです。だから、ここで避けたほうがいいと書かれていても、しばられすぎず、目安程度に考えてください。それと同じように、「似合う」を知ることができる骨格診断やカラー診断なども、参考程度にしておくのがいいと思います。

自分が本当に着たいアイテムを着ることが、自分の満足にもつながります。

If your clothes don't suit you

Column 07

好きなものを着ていいんだ、と思えるように。

体型にコンプレックスがある方の中には、大きめサイズのお店に行くのは抵抗があるし、試着すること自体も怖いという人がいらっしゃいます。Iさんもそうでした。忙しい仕事のストレスがたまり、生理も止まってしまい、体重が70キロを超えてしまったというIさん。仕事が広告関係ということもあり、おしゃれに自信を持てない自分に、劣等感を抱いていたそうです。優しい性格なので、みんなが断る仕事も断れず残業が重なり、新婚さんなのに家でゆっくり過ごす時間もなかなかとれない状況でした。

「何を着ていいのかわからない」と言う彼女に私は、「本当に着たいものを着てみよう。何が着たい？」と聞きました。彼女は、ボーダーや柄物を着てみたいと言いました。でも、自分はそんな服を着ちゃいけないと思っている、とも。

私は、なんとしてもIさんにファッションを楽しんでほしいと思い、この第2章でお話ししたようなファッションバランスのコツをお伝えし、彼女が着たいと言った服を全部楽しんでもらうことにしました。ZARAやGAP、GUなどはサイズも豊富なので、サイズを気にすることなく、気に入った服を手に入れることができます。彼女がオフショルダーの服を着て、その綺麗な鎖骨と背中を出したときの顔、ドキドキすると言いながらヒールの靴を履いたときの顔は、今でも忘れられません。

「自分の好きなものを着てもいい」と気づいた彼女は、その後、どんどんファッションを楽しんでくれるようになりました。自撮りの宿題では、誰よりも弾けたポーズをとってチャーミングな笑顔をアップしてくれました。スクールの中でもみんなに愛されるキャラでした。

彼女はそれまで「人に好かれなきゃいけない。そのためにも自分は人一倍頑張らないといけない」と思っていたそう。劣等感が彼女にそう思わせていたのでしょう。

でも、ファッションに自信を持ち、一緒にファッションを楽しめる友人を得て、見た目だけではなく彼女自身がどんどん変わっていきました。自分の意見をはっきり言えるようになり、彼女にばかりまわってきていた残業もちゃんと断れるようになったのです。今は仕事も変え、夫婦でご飯を食べる時間もとれるようになったそうです。

先日会ったときも、可愛らしいプリーツスカートに身を包んでいました。「ずっとあのままの自分だったらと思うと、ぞっとします。好きな服を着られるようになって、いろんなトラウマや思い込みから自由になりました」と、大きな笑顔で伝えてくれました。久しぶりに会った彼女は、さらに魅力を増していました。

第3章

色をもっと自由にまとう

大人女性全員におすすめ それぞれのサーモンピンクコーデ

⇓ 130ページ

アクセサリーはこちら！

選ぶべきは、にごりのない「空っぽい」色

⇒124ページ

ジレ　Rocco style.、パーカ　Liesse（スタイリスト私物）、スカート　Mystrada、シューズ　スタイリスト私物、めがね　スタイリスト私物、バッグ　スタイリスト私物、ソックス　スタイリスト私物

Gジャン　スタイリスト私物、ブラウス　ZARA（スタイリスト私物）、デニム　GU（スタイリスト私物）、バッグ　Rocco style.、シューズ　スタイリスト私物、ネックレス　Rocco style.

脱・定番カラーは小物から挑戦する

⇓126ページ

季節別、取り入れたい色たち

⇒129ページ

春&夏

ピンクスウェット　Plage（スタイリスト私物）、ライトイエロートップス　STUNNING LURE（スタイリスト私物）、グリーントップス　ZARA（スタイリスト私物）、イエローバッグ　H&M（スタイリスト私物）、ピンクパンプス　ダイアナ（ダイアナ　銀座本店）、ブルーサンダル　スタイリスト私物、ハット　スタイリスト私物、スカーフ　Rocco style.

秋&冬

ロングカーディガン　GU（ジーユー）、パープルニット　Mystrada、赤ニット　スタイリスト私物、レーススカート　GLOBAL WORK（スタイリスト私物）、ファーバッグ　スタイリスト私物、イエローパンプス　GU（ジーユー）、スニーカー　コンバース（スタイリスト私物）、スカーフ　スタイリスト私物

ベージュコーデは、やわらかさと洗練が手に入る

⇓ 134ページ

ニット　UNIQLO(スタイリスト私物)、ロゴトップス　Plage(スタイリスト私物)、スカート　Freada(スタイリスト私物)、バッグ　スタイリスト私物、シューズ　コンバース(スタイリスト私物)、サングラス　スタイリスト私物、ソックス　スタイリスト私物

コート　STUNNING LURE(スタイリスト私物)、ニット　UNIQLO(スタイリスト私物)、パンツ　スタイリスト私物、バッグ　アディナ ミューズ(ADINA MUSE SHIBUYA)、パンプス　スタイリスト私物、ストール　スタイリスト私物

Before

After!

あいまいカラーで「おしゃれ上級者」に

⇓138ページ

ニット　UNIQLO(スタイリスト私物)、プリーツスカート(左)　UNIQLO、ニュアンススカート(右)　Rocco style.、ストール　スタイリスト私物、黒クラッチバッグ・ベージュクラッチバッグ・ストール・パンプス　以上スタイリスト私物

「似合わない色」にとらわれない

大人の女性こそ、色で遊ぼう！

私たちは大人になればなるほど、「自分に似合う色」と「似合わない色」を即座に判断してしまいます。するとどういうことが起こるかというと、似たような色の服ばかり買ってしまうというマンネリループにハマります。コーディネートのほとんどがベーシックカラー、つまり、黒、白、ベージュ、グレー、ネイビーだけで占められているという人も少なくありません。こうなってくると、なかなかおしゃれに幅が出ません。

私は、大人の女性ほど、もっと色を楽しんでほしいなと思います。

くすみがちな肌も、服に明るい色を入れることで、ぱっと華やいで見えます。また、20代の頃には似合わないと思っていた色が、大人だからこそ、洗練された雰囲気で着こなせることもあります。

この章では、大人女性が知っておきたい、色のパワーをお伝えしていきます。

「似合わない色」なんて、ありません

お客様とお話ししていると「私はピンクが着られないんです」とか、「ベージュが似合わないんですよ」などという言葉をよく聞きます。中には、「本当は明るい色が好きなんですが、パーソナルカラー診断で、明るい色を身につけないほうがいいと言われたので……」とおっしゃる方もいます。

でも、心配しないでください。どんな肌色の人でも、「絶対に似合わない色」というものはありません。

もちろん、カラー診断や、肌の色との相性を知ることに意味がないとは思いません。自分に似合う色を知っていることは自信にもつながるので、いいことだと思います。ただ、カラー診断は基本的に顔の肌色や目の色に合わせてするものがほとん

どですが、ファッションは全身で表現するものです。似合わないと言われる色でも、顔から離せば大丈夫。「ピンクはダメ」「ベージュは無理」とあきらめないで、顔と離れた場所で取り入れたり、小物で取り入れたりして、全身で帳尻を合わせることを考えましょう。

肌に合う色にとらわれすぎると、同じような色の服ばかり着るようになるので、コーディネートがマンネリになってきます。パーソナルカラーは、基本的には一生変わりませんから、それにしばられすぎてしまうと、一生同じような色の服で生活するようになってしまいます。せっかくいろんな色のおしゃれを楽しめる可能性があるのに、それはもったいないと思ってしまいます。

今こそ、これまで着てこなかった色にチャレンジしてみましょう。色には、大人の女性の新しい扉を開いてくれる、無限の可能性があります。

40代からは土に還るより空に向かおう

クリアで明るく、軽い色を味方につける

年齢を重ねると、どうしても落ち着いた色、つまりダークカラーの服が増えてきがちです。もし、クローゼットの中が、黒やグレー、ネイビーといった落ち着いた色の服で占められているとしたら、思いきって、明るくクリアなカラーを取り入れていきましょう。大人になったら、土っぽい暗い色の服よりも、空に向かうような明るいにごりのない色を味方につけると覚えてください。

とくにラベンダー、水色、ミントグリーン、レモンイエローなどの、クリアな色を顔の近くに持ってくると、ぱっと顔が明るく元気に、そして若々しく見えます。まずは、このうち1色だけでもいいです。自分が一番トライしやすい色を手に入れ

てみてください。

たとえば、116ページ左のように定番の白パンツに水色トップスを合わせると、爽やかさが急上昇します。写真のようにGジャンを合わせればスマートカジュアルな雰囲気になりますし、グレーなどの真面目なジャケットを合わせればオフィスにも行ける格好になります。

肌色との相性が気になる人は、同ページ右のように、ボトムスに色ものを持ってくるのもおすすめです。ボトムスに色があると、なぜかその逆よりもおしゃれ上級者に見えるから不思議です。ボトムスにクリアな軽いカラーを使う場合は、トップスを白、黒、ベージュ、グレー、ネイビーなどのベーシックカラーにしておけば、間違いありません。

とはいっても、こういったクリアなカラーは流行にも左右されるので、今年は水色をよく見かけるけど、イエローは見当たらないといったこともあります。秋冬はそもそもクリアカラーの服はなかなか売っていません。ですので、クリアカラーで気に入った服を見つけたら、それは一期一会！　即買いです。

色全体に自分自身を少しずつ慣らしていく

色は小物からスタートする

昨年私のレッスンを受けてくれたRさんは30代後半の女性。服は大量にあるのに、どれもうまく着こなせないと相談してくれました。

Rさんの手持ちアイテムを確認すると、色ものがほとんどありません。彼女は「色ものを着るのは難しいと思っていた」と言うのですが、ベーシックカラーだけで毎日違った雰囲気にコーディネートするほうが、色を使うより何倍も難しいもの。どれだけ服がたくさんあっても、ベーシックカラーだけでは、代わりばえしなくなります。Rさんに聞くと「今まであまり明るい色を着たことがなくて恥ずかしい」「会社で外回りだから色ものを着るのを躊躇する」「派手な色を着ると顔が負けちゃう」という3つの理由で、色ものを避けていたそう。

彼女の悩みは、色とうまく付き合えない大人女性の〝3大あるある〟なので、こここでこの解決策をお伝えします。

まず、最初の悩みから解決しましょう。明るい色に抵抗がある人は、いきなりトップスで取り入れず、スカーフやカラーパンプス、小さいサイズのバッグで色を取り入れていきましょう。まずは、色自体に自分自身を慣らしていきます。

たとえば117ページのコーディネートは、全体に白と黒だけのモノトーンコーデですが、足元にさし色を入れるだけで、いきなりおしゃれっぽく見えます。まずはこれまでのコーディネートの1カ所をカラー小物に変え、徐々に面積の大きなアイテムに挑戦しましょう。Rさんもまず、スカーフとカラーパンプスを買って、色に慣れるようにしました。

次の「オフィスで人の目線が気になる」問題は、「きちんとアイテムに守ってもらう」作戦で対応します。具体的には、王道ジャケットやきれいめヒール靴、かっちりバッグのような、普段着慣れているアイテムに守ってもらいましょう。

よほど服装に厳しいところでないかぎり、カラートップスの上からかっちりした印象のベーシックカラーのジャケットを羽織れば、問題ありません。彼女も「オフィスに色ものを着ていったら、全然問題なくて拍子抜けしました」と、どんどん色を楽しんでいくようになりました。

仕事の都合でスーツやジャケットがマストの女性には、彼女のように「気づけば会社で浮かない暗い色の服ばかり集まってしまった」という人が多いです。そういったベーシックな服も、色ものを投入すれば生き生きとよみがえります。

最後の「派手な色を着ると顔が負けちゃう」悩みも、多くの女性から聞きます。ここに必要なのも、全身5パートでの帳尻合わせ。顔が薄い人は、色ものを着るときはアイライナーをしっかり引いたり、口紅をしっかり塗ったりして、メイクのテンションを服に合わせましょう。

逆に派手顔なので、ぱっきりした色は似合うけれど、パステルカラーは苦手という人もいます。こういう人は、メイクを控えめにしてみるとなじみやすくなります。もうひとつ。派手顔の人が原色を着るときは、そのままだと色気が出すぎるので、第1章で紹介したメンズライクな品アイテムを使って、色気を引き算するとバランスがよくなります。

春夏&秋冬、それぞれに使える色

春夏に使える色は、先ほど紹介したようなクリアカラーや、パステルカラーなどの「軽い」色。にごりのない色味なので、爽やかな印象になります。最初は小物から取り入れ、徐々に大きな面積のものにトライしていきましょう。

一方、秋冬に多いのは赤やマスタードイエロー、テラコッタなどの暖色系。茶色やベージュとの相性がいいです。バイオレットや深緑も、秋冬に映える色。いずれにしても色が「深い」色になっていきます。

流行の色は毎年変わります。ネットで「トレンドカラー」と検索するだけで、今どんな色が流行っているかわかります。その年、1着でも1足でもいいからトレンドカラーを取り入れたアイテムを買って合わせてみたら、それだけで手持ちの服が「今年の顔」になるのでおすすめです！

大人女性全員に着てほしい、サーモンピンク

サーモンピンクは40歳からの味方

数あるカラーアイテムの中で、大人女性全員におすすめしたいのが、サーモンピンクのトップスです。どんな肌色の人でも、サーモンピンクを着れば、血色がよく、表情も明るく見えます。オレンジとピンクの中間のような色なので、白、黒、ベージュ、グレー、ネイビー、どんな色と組み合わせても合います。アクセはゴールドでもシルバーでも両方ＯＫ！　サーモンピンク、万能すぎませんか？

ピンクというと、それだけで抵抗を感じる人もいます。ピンクという色に恥ずかしさを覚えたり、昔誰かに言われたひとことを思い出したり……。でも、ここはいったんそれらを脇によけて、だまされたと思って試してもらいたいです。

トップスの中でも一番扱いやすいのは、ブラウスでしょうか。先ほどいったよう

に、ジャケットを羽織れば、会社でも大丈夫！

ボトムス別　サーモンピンクの合わせ方

どんな人にも似合う色だということを知ってもらいたくて、114・115ページでは、5人のメンバーに、それぞれ自分が持っているサーモンピンクを着て集まってもらいました。合わせたボトムスは、白、黒、ネイビー、グレー、ベージュの定番5色です。

まず、サーモンピンク×白の組み合わせは、清楚で爽やかな印象になります。パンプスもピンクでコーディネート。トップスとパンプス、まったく同じ色でサンドイッチするとやりすぎ感が出るのですが、少し色味をずらせばおしゃれです。

白のボトムスはシルバーでもゴールドでも合うのでどちらを使ってもいいのですが、シルバーだと色が白と近いので目立ちにくく、ゴールドだと逆に華やかになります。今回、アクセサリーは、黄色味のあるゴールドをメインに合わせました。

黒のスカートとの組み合わせは、きちんと感が出ます。ベルトにしたスカーフにもちらりとピンクをリンクさせています。黒いボトムスも、白と同じくゴールド、シルバー、どちらのアクセでも似合うのですが、今回はゴールドをベースに小さなパールを組み合わせました。ピンク×黒×ゴールド、極めつけのパール使いで、これ以上ないというくらい上品なツヤが醸し出されます。

ネイビーとの組み合わせは、ちょっとマニッシュ（男性的）な印象。ピンクを甘くしすぎたくない人におすすめです。アクセサリーはシルバーを合わせました。ゴールドに比べて、クールでシャープな印象を作り出すシルバー。色気を引き算してくれる品アイテムのひとつで、オフィススタイルにもおすすめです。

次は、グレーのスカートとのコーディネート。上半身フィット×下半身ボリュームのバランスです。グレーとシルバーは同系色ととらえます。ですので、グレーの服にはシルバーを合わせると、自然となじみます。

ベージュとも相性がいいのが、サーモンピンク。このようにボトムスをベージュにするのもいいですし、トレンチコートや、トレンチ素材のジレなどと合わせるのもおしゃれです。アクセサリーはゴールド系でまとめました。ベージュとゴールドは同系色と考えてください。

色トップス×ベーシックカラーボトムス×アクセの組み合わせ

ここで紹介したアクセサリーの合わせ方は、カラートップスの色がピンクから他の色に変わっても応用できます。アクセはボトムスに合わせて選びましょう。

・白↓両方ＯＫ。ゴールドだと華やか、シルバーだと目立たないので大きめを選択。
・黒↓両方ＯＫ。ゴールドだと華やか、シルバーだとクール。
・ネイビー↓シルバーでクールに合わせるのがよい。
・グレー↓同系色のシルバーを合わせる。
・ベージュ↓同系色のゴールドを合わせる。

この法則を覚えておけば、アクセ選びに迷いません。

ベージュとあいまいカラーでやわらかさを出す

グレーをベージュに置き換える

サーモンピンクと並んで、100人中100人の大人女性におすすめしたいのが、ベージュです。

5大ベーシックカラー（黒、白、ネイビー、グレー、ベージュ）の1つにもかかわらず、ベージュだけ苦手という女性は多い気がします。昔おばあちゃんが着ていた、らくだ色の肌着のイメージからでしょうか。スクールの生徒さんにも、「ベージュを着ると老けると思っていた」と言って、ベージュを避けている人が何人もいました。

けれども、そんな彼女たちも、ベーシックアイテムにベージュを足すことで、コーディネートがやわらかく洗練されていきました。そう、ベージュほど、女性をやわらかく優しく見せてくれる色はないのです。

中でも、一番雰囲気が変わり、今でも現在進行中でめきめきと美しくなっているのが、Kさんです。彼女は名家のお嬢様で、お料理もお掃除も、そのやり方をお母様から引き継いできたと言います。「衣食住のうち〝衣〟の部分は母から教わることがなかったので、ファッションについて一度きちんと学びたいと思ったのです」と、スクールに来てくれました。

その後の彼女の変身ぶりは、久しぶりに会った友人や、実のお母様にすら気づかれなかったというくらい。それほど彼女を変えた最初のきっかけは「ベージュアイテムの投入」でした。それまで、黒やグレーの服が多かった彼女に、「代わりにベージュを着てみませんか？」と提案したのです。

彼女はとても性格がいい方なのですが、育ちがよすぎることもあって、一見気軽に近づきにくい雰囲気がありました。それがベージュを着るようになってからは、いろんな人から声をかけられるようになったのです。おそらく、ベージュが持つリラックスした雰囲気がそれを後押ししたのでしょう。やわらかく話しかけやすい印象に変わっていきました。

娘さんの授業参観に行けなかったときは「せっかく綺麗なママをみんなに見てもらえると思ったのに……」と、残念がられたとか。今では、娘さんに頼まれて、彼女の服装にもアドバイスをしているそうです。

ベージュには、繊細なあたたかみがあります。今ある黒やネイビーやグレーを、ベージュに置き換える。たったこれだけで、やわらかさや優しさが表現できるのです。今回の書籍の表紙も、ベージュをベースにしたコーディネートにしました。ぜひとも、ベージュをコーディネートの最前線においてください。

ベージュで作るミルクティコーデのすすめ

ベージュはどんな色とも相性がいいのですが、ここでは、全身ベージュで作るミルクティコーデをご紹介します。

同色で作るコーディネートはどんな人でも、即おしゃれ上級者に見えるのですが、ネイビーやグレーの同色コーデに比べ、ベージュの同色コーデは、真面目すぎずリラックスした印象です。優しくあたたかいイメージになるベージュの同色コーデを、私は「ミルクティコーデ」と呼んでいます。

119ページの右は休日をイメージしたラフなコーデ。同じカジュアルな服もベージュでまとめると品が出ます。あまり深く考えず、ベージュ、アイボリー、白など、ベージュっぽい色のアイテムをどんどん重ねるだけでOK。

ひとつポイントをあげるとしたら、素材感に差を出すこと。ここではトップスはカットソー素材、肩からかけたニット、スカートはリネン、かごバッグ、キャンバス地のシューズなどで、同じ系統の色味でも素材感に違いを出しています。素材を変えれば、それだけでメリハリが出るので、ベージュだけでまとめてもぼやけた印象になりません。

左のほうは、ちょっと綺麗めのベージュの同色コーデ。この場合、味方にするのはキャメルです。ベージュよりも少し深い色を入れることで、コーディネートが引き締まります。ここでは、コートと、バッグのレザー部分、ストールにキャメルが入っています。

ベージュの同色コーデでは、アクセもやはり同色系のゴールドを使うとまとまりがよくなります。

あいまいカラーでバランスをとる

もうひとつ。ベージュと並んで、コーディネートにやわらかさを生むアイテムとして、あいまいカラーを紹介します。

あいまいカラーとは、何色ともはっきり言えない、どっちつかずのあいまいな色のこと。中間色という言い方もします。

あいまいカラーの魅力は、これだけでおしゃれ上級者に見えるところです。この不思議な色を着こなしているというだけで、経験値が高く見えるのです。それだけではなく、あいまいカラーはやわらかい印象になるのも特徴です。

一見ファッション難易度が高く見えるあいまいカラーですが、取り入れ方は簡単。普段ならこの色を合わせると思う場所に、その色がまざったようなあいまいな色の服を持ってくればいいだけです。

たとえば、120ページを見てください。よくあるコーディネートは、左上の感じ。もちろん、これはこれでよいのですが、少し真面目でとっつきにくい印象に見えます。そこで、ネイビーのスカートを、あいまいカラーのスカートにチェンジしてみました。ネイビーとも青とも水色ともグレーとも言えない、このあいまいカラーのスカートのおかげで、コーディネートに、抜け感が出たのがわかるかと思います。ここでは、さらに前述したベージュの魅力もプラスして、全体にやわらかさを加えました。

「今日のファッション、ちょっと地味すぎるかも」もしくは「盛りすぎているかも」と思ったときは、黒やグレーをベージュに変えたり、強い色のアイテムをあいまいカラーに変えたりしてください。それが引き算の代わりになります。

40代になると、いろんな経験もして、若かった頃とはまた違った人としての厚みや魅力が生まれてきます。その素の魅力を際立たせるためにも、あいまいカラーとベージュをうまく使いましょう。

Column 03
あいまいカラーでファッション迷子から抜け出せた。

ファッション迷子になっている大人女性には、自分に何が似合うかわからなくなって無難な服装になってしまうタイプと、逆にどのパーツも手を抜かず全部盛りしなくてはと考えてしまうタイプの方がいます。

以前お会いしたYさんは、典型的な後者タイプ。メイクはいつもしっかり。服もアクセもたくさん持っていて、派手色、柄物、大きめアクセの組み合わせが定番でした。

もともとはっきりとした目鼻立ちで美人顔のYさん。シンプルなファッションにしたほうがその美しさが際立つのに……と思った私は、まずはあいまいカラーの服を着てみようとアドバイスしました。

これは後でわかったことですが、Yさんは自分に自信がなく、そんな自分をガードするように、メイクや服やアクセを使っていたようです。とにかく、地味になることが怖かったのだとか。

Yさんにとってファッションは鎧でした。そんな彼女が、あいまいカラーを着ることは、それまでまとっていた鎧を脱ぎ、いい意味での隙を作ることにつながったようです。

モノトーンや原色の服をあいまいカラーに変え、黒をベージュに変え、アクセを減らし、メイクを薄くしていく過程で、彼女は徐々に素の自分を出せるようになってきたと話してくれました。

派手な格好をして着飾らなくても、自分は大丈夫なんだと思うと、逆に少しずつだけど自信が生まれきたというのです。彼女にとって、服やアクセやメイクをそぎ落としていくことは、自分と向き合うことと同じだったのでしょう。

彼女に限らず、40代からは素の自分を出せるようになると、すっと人生が楽になっていくように思います。フアッションは、その手助けをしてくれるものだと思います。

それまで、夢を叶えた人を見ると劣等感ばかり感じていたという彼女。でも今は、人と自分を比べるのではなく、自分の未来を描けるようになったと言います。

先日彼女は、ある雑誌の読者モデルに応募して見事そのメンバーに選ばれました。それだけではなく、前からやりたかった新しい仕事にチャレンジすることになったことも教えてくれました。以前に比べてそぎ落とされたファッションを身にまとった彼女は、初めてお会いしたときの何倍も美しく輝いて見えました。

第4章

プチプラ服は戦略的に選ぶ

プチプラ服ほど「選んで」着る

「知ってて選んでいる感」が余裕につながる

「大人になったら、あまり安い服を着ないほうがいいですよね？」

いろんな女性からよく聞かれる質問です。でも、そんなことは全然ないですよ。私自身もプチプラ服が大好きですし、お客様のショッピングでも、GUやZARAなどによくお連れします。

ただし、大人になったら、プチプラ服は戦略的に使う姿勢を持ちましょう。単に「安いから着ている」という気持ちで服を着るのではなく、「私は安くていいものを〝ちゃんと選んで〟着ている」という気持ちで着るのです。

以前、ストレスがたまるとプチプラでたくさん服を買ってしまうという方がいました。でも、大量買いした服が並ぶクローゼットを見ても、結局何を着ればいいのかわからない。プチプラ服を着ていると、自分まで安くなってしまった気がしたと言います。

この気持ち、私はとてもよくわかります。雑な気持ちで買ってしまった服を着ると、なんだか自分を大切にしていない気がして、すり減った気持ちになるんですよね。

だから私は、プチプラ服ほど丁寧に選ぶことをおすすめしています。

「知っててあえて選んでいる感」が出ると、同じプチプラ服を着ていても、自信を持って着こなせますし、気持ちも上がります。心の充足感にもつながります。

この章では、プチプラを選ぶときの目のつけどころ、それぞれのブランドで買うべきアイテムをご紹介していきます。

プチプラはコミュニケーションに使う

プチプラ服を戦略的に使うと言いましたが、私はプチプラ服は会話の糸口になると思っています。

会社の同僚やママ友に服を褒められたとき、「実はこれ、ＧＵなの」と答えると、相手にとっても親近感がわきますよね。

プチプラを上手に着こなしている女性は、本当におしゃれな人という感じがしますし、好感度も高いです。いいものを選べる目利き感も出ますし、堅実な印象にもなります。プチプラは女性同士の友好関係を育てるコミュニケーションツールともいえます。

といっても、最近は、プチプラを取り入れたファッションが当たり前になってきました。だからこそ、ユニクロのカシミアセーターのような超定番モノだけではなく、ちょっと気の利いたプチプラの使い方ができると、よりおしゃれです。

私がプチプラ服を選ぶときに意識しているのは、以下の3つです。

まず、①それぞれのブランドの強みをわかって買うこと。

「このブランドは、このアイテムが強い」という知識があれば、いい買い物ができます。これは後ほど詳しく説明します。

また、②流行のものほど、プチプラで買います。

トレンドカラーや、トレンドの形など、数万円出して買うのは躊躇するけれど、プチプラブランドのアイテムなら気軽に試せますよね。

さらに、③自分にとっての「挑戦アイテム」は、プチプラをうまく使っていきましょう。

たとえばこの本でおすすめしてきた、「照り」にマストなアクセサリー。最初はプチプラで買って試してもらえたら嬉しいです。

カラーパンプスや小さめバッグ、スカーフなど、毎日は使わないけれど、コーディネートに投入したいというアイテムも、プチプラがおすすめです。今まであまり着たことがなかった色の服なども、プチプラからスタートしてみてください。

大人だからこそ、プチプラブランドとうまく付き合っていきましょう！

GUとZARAは40代の軸プチプラ

トレンドものをお試しできるGU価格

私がお客様のショッピング同行をするときに、一番お連れすることが多いのがGUです。GUのよさは、ほどよくトレンドを取り入れているところ。そして圧倒的な安さです。GUでショッピングをしていると、みなさんいつの間にか値段を見ずに選ぶようになっていくんですよね。

たしかにGUでの買い物は宝探しのような高揚感があります。大量買いしても2万円あれば充分おさまります。でも、だからこそ、必要なのは、目利き力。ここではGUでお持ち帰りすべきアイテムをご紹介します。

ユニクロが定番モノを買う場所だとしたら、GUで買うべきなのは自分にとっての冒険アイテムやトレンドアイテム。たとえば、色が綺麗なニット。普段あまり挑戦しない色のニットに１万円出すのは勇気がいるけれど、ＧＵなら気軽に買えます。ローゲージニットは値段の差が出やすいので、買うならハイゲージニットを。

１６２ページにあるような、最近人気のプリーツスカートも、あえて定番色ではないものを買おうと思える値段が、ＧＵのいいところ。

カジュアルものも上手で、ロゴＴや、ウエストバッグ、リュックなども使いやすいです。デニムもおすすめで、最近のヒットは、第２章でもお話ししたハイウエストストレートジーンズ。これは脚長効果がすごいので、一家に１本、という感じです。ボトムスはトレンドが出やすいので、バリエーションが豊富に揃っているＧＵでぜひチェックしてみてください。

小物のバリエーションをＧＵで増やす

私自身がよく買うのは、靴。とくにバレエシューズは何足も買いました。つま先が尖ったポインテッドの形がいいです。ゴールドのバレエシューズは雨の日の定番ですし、ギンガムチェック、レースなども可愛いです。スニーカーも軽くてらくちん。

カラーパンプスもGUで。靴のバリエーションが増えるとおしゃれの幅が広がります。いい靴を大事に履くのもいいですが、色や形に遊びがあるGU靴こそ、マンネリを打破してくれます。

アクセサリーもいいですよ。第1章でお話ししたように、大人女性にマストな照りは、アクセで補給できます。今からアクセを買ってみようという人には、GUがおすすめ。とくに590円で買えるブレスレットやバングルは優秀です。ピアスだけではなくイヤリングも充実しているので、イヤリング派の方ものぞいてみてください。

行きつけをZARAにするだけであか抜ける

GUで得られるのが親近感だとしたら、ZARAで得られるのは洗練。値段はGUの1・5倍から2倍くらいしますが、その分洗練されたアイテムが揃います。

ZARAの特徴は、プチプラなのに、モード感がプラスされるところ。素材がとろっとしていたり、光沢があったり、デザインも凝っていたりと、アイテム自体にセンスと色気を感じるものが多いです。

私の中では、それまでの自分から一歩踏み出して変わってもらいたいというときにお連れするのがＺＡＲＡという位置づけです。普段のコーディネートに、シャープで綺麗め要素を取り入れたいと思ったときに、ＺＡＲＡのアイテムはちょうどいいのです。

ＧＵもＺＡＲＡも全身コーディネートができるブランドですが、ＧＵメインだったコーディネートをＺＡＲＡメインに変えると、それだけで突然あか抜けます。モデルやスタイリストにも、ＺＡＲＡがご贔屓のＺＡＲＡ女（ザラジョ）は多いんですよ。

サイズ展開も豊富で、34から46まであるので、どんな体型の人にもおすすめのブランドです。

そんなＺＡＲＡで、まずおすすめしたいのは「黒っぽいもの」。黒のジャケット、黒のワンピース、パンツ……。どのブランドにもあるようなものなのに、ＺＡＲＡの黒アイテムはただの黒じゃないんです。少しデザインが施されていて気が利いているものが多く、存在感があります。たとえばジャケットだと、少し丈が長くてシャープだったり、最初から袖がまくってあるようなデザインだったりして、そのモノを着ているだけでこなれた印象になります。

プリントものも上手で、ワンピースやスカートなど、掘り出し物も多いです。ただし一点、気をつけてほしいのは、海外ブランドなので、胸元が広くあいていたり、スリットが深く入っていたりするものが多いこと。海外のモデルさんが着ている写真は素敵なのですが、いざ自分で着てみると1枚では着こなせないあき具合だったりします。どんなインナーを合わせればいいかわからないと、結局出番がなくなってしまうので、必ず試着してから買ってくださいね。

私自身は、およばれされたときや、華やかな場に行く際は、必ずZARAに立ち寄ります。少しデザイン性のあるワンピースや、ブラウス、クラッチバッグなど、お手頃で使いやすいものが揃っています。

小さめバッグも大きめバッグもZARAで揃う

ZARAは小物も狙い目です。

160・161ページで紹介しているようなシャイニーなバッグ、フェイクファーバッグ、かごバッグなど、コーディネートのアクセントになる小さめバッグが欲しいときは、迷わずＺＡＲＡ。第１章でもお話ししましたが、小さいバッグはそれだけで、コーディネートに色気が出ます。それに加えて、実はＡ４が入るサイズの大きめバッグも充実しています。お仕事バッグやママバッグもＺＡＲＡで探すとおしゃれです。

ＺＡＲＡは靴もいいのですが、物によっては素材が硬めのものが多いので、パンプスは必ず試着してください。それに比べ、サンダルやブーツは使いやすいです。気に入ったものがあれば、手に入れてみて。

くり返しになりますが、ＺＡＲＡのアイテムには、照りと色気、そしてシャープさがあります。照りも色気もシャープさも、大人女性から失われていきやすいものですから、それをＺＡＲＡのアイテムで補充してあげると考えてみましょう。ＺＡＲＡを40代の軸ブランドにしてほしい理由は、ここにあります。

ユニクロ、無印、しまむら、GAPは強みをわかって使う

ユニクロはUとコラボが狙い目

ユニクロは、日本中誰もが知っている定番ブランド。だからこそ「ちゃんと選んで、あえて着ています」感を出すと、突然おしゃれ上級者に見えます。なんでもかんでもユニクロではなく、ピンポイント買いするのが大人です。

私の一押しは「ユニクロU」のライン。このラインは、デザイナーチームが別なんです。163ページのピンクのニットはユニクロU。胸のあき具合が絶妙です。隣の紺のTシャツも一見シンプルだけど袖の形が凝っていておしゃれ。ユニクロUは人気が高いので、発売即完売のものも。アプリや公式LINEをフォローしてマメにチェックしましょう。だいたい金曜日に新商品発売になります。

海外の有名デザイナーとのコラボ商品もおすすめ。同じページのドット柄とペイズリー柄のワンピースは、どちらも過去のデザイナーコラボ商品で私物ですが、どれくらい着たかわからないくらい、ヘビロテしました。

ユニクロで柄物を買う機会はあまりないのですが、デザイナーコラボ商品は別。形も柄も手が込んでいて美しいので、長く着ることができます。デザイナーコラボアイテムも争奪戦なので、発売日をチェックしましょう。

定番ものだと、ヒートテックやブラトップキャミなどの下着、スーピマコットンのシンプルTやタンクトップ、カシミアのセーターなどは、もちろん買いです。メンズものもおすすめです。メンズのTシャツやスウェットを少しオーバーサイズでラフに着ていると、「この人、わかってる！」という感じになります。メンズのキャップやリュックなども形がいいですよ。

「それどこの？」と聞かれたときに、「ユニクロだよー。ダンナとおそろいで使ってるんだよね」みたいな会話ができたら、堅実かつおしゃれな人！　というイメージです。

ユニクロは、「あえて買い」を意識しましょう。

無印は日曜日に着たい服

20代から30代の前半までは、無印良品の服にあまり興味を持てなかった私ですが、年齢を重ねたことで無印の心地よさがわかってきた気がします。

無印の服を着ていると、たとえそれがオーガニックコットンじゃなくても、なんだか体によいことをしている気がするんですよね。そんな感じ、しませんか?

無印で買うべきなのは、かちっとしたものよりも、ナチュラルテイストのもの。休日のオフのときに着たくなるような服が、無印はうまいと思います。

たとえば、164ページのようなボーダー。無印と言えばボーダーというくらいの定番ですよね。これ以外に、シャツもおすすめです。白、ストライプ、デニム、どれもコーディネートしやすいですよ。大きめのトートバッグ、スリッポン、スニーカーなどもいいです。無印で選ぶべきは、リラックスしたシーンに似合う服やアイテムと思っていれば間違いないでしょう。

ファッションアイテムではありませんが、私はアクセサリー類を無印のアクリルケースに収納しています。

朝のバタバタしているときに、つけたいネックレスがからんですぐにつけられないイライラを防ぐためにも、アクセ収納は大事です。無印のアクリルケースは、クリアタイプなので、ひとめで見渡せるのがいいところ。コーディネートを考えるときにも、便利です。ついつい増えてしまうアクセ類も、管理しやすくておすすめです。

しまむらは会話が盛り上がる

GUやユニクロで掘り出し物を見つけたときも嬉しいものですが、ここまで浸透すると、みんな目をつけるところは同じだったりして、意外とかぶりも出てきます。でも「これ、おしゃれだね。どこの?」と聞かれたときに「しまむら」と答えることができたら、これはもう、一人勝ちです（笑）。それくらい、しまむらでおしゃれアイテムを見つけることができる目利き感は、格別です。

しまむらでおすすめなのは、バッグ。いつもバッグ売り場に直行しています。164ページにあるような、かごバッグや、シャイニーバッグが、1000円台で手に入ります。レザーはもちろん合皮なのですが、その分いい感じに素材が硬くて使いやすいです。大人になるとバッグだけはいいものを持たなきゃ、と言う人もいますが、そんなふうに堅苦しく考える必要はありません。しまむらのバッグは、安いし可愛いし、なにより会話の糸口になってくれるところが優秀です。

GAPはデニム。これ、王道

定番プチプラの元祖といえば、GAP。ここはやっぱり、デニムが王道です。デニムの形が綺麗なのはもちろんなのですが、GAPはサイズ展開が豊富なので、脚が細くて他の店のデニムがうまくはきこなせないという人にもおすすめ。

164ページで紹介したのはジーンズですが、デニム素材のダンガリーシャツや、シャツワンピース、デニムのスカートなども、それぞれ綺麗な形でコーディネートしやすいです。

ＧＡＰに限らず、プチプラブランドはその〝出自〟をイメージして、どのブランドでどのアイテムを買うのがよいか考えると失敗しにくいです。

たとえばＧＡＰはアメリカのカジュアルブランドだからデニムに力を入れているとか、ＺＡＲＡはスペインのブランドだから女度の高い色気アイテムがうまいとか。無印は飾らないことがコンセプトだから休日アイテムが買いだとか。

前にお話ししたように、プチプラ服でコーディネートすることは、全然悪いことではありません。大人になったから、高級品を着たほうがいいというのもわかりますが、気軽に手に入れた服で、マンネリ化したバランスを崩していくのも、おしゃれの楽しいところです。

ただそのときに、「安ければなんでもいい」ではなく「このプチプラブランドではこれを買う」といった、自分の中の判断基準があると、なおいいでしょう。「ちゃんとわかった上で、安くてもよいものを選んでいる」と思えることは、自分に自信を与えることにもなります。同じプチプラ服を着ていても、この気持ちを持っているだけで、堂々とおしゃれを楽しんでいる上級者感が醸し出されます。プチプラブランドとの付き合い方が変われば、おしゃれのレベルも上がります。

ZARAでモード感をプラスする

⇒150ページ

GUはトレンドものに強い

⇓148ページ

ユニクロで買うべきはコラボアイテム

⇓154ページ

無印良品

しまむら

GAP

プチプラはブランドの「出自」を踏まえて買う

⇓156ページ

第5章

ファッションで人生は変わる

After!

Before

⇒ 172ページ

ビフォー アフター 紹介！

After!

Before

⇒ 173ページ

After!

Before

⇒ 181ページ

After!

Before

⇒ 188ページ

再び「TPOP」のすすめ

自分らしさをファッションで表現する

この本の冒頭で、私はTPOPという言葉を提唱しました。「T＝Time（時）」「P＝Place（場所）」「O＝Occasion（場合）」を意識したファッションに加えて、「P＝Produce（自己プロデュース）」を大事にしよう。自分本位なファッションをしようとお伝えしました。

ファッションには、テクニックがあり、セオリーがあります。これまで私は、書籍や雑誌、ブログなどで、使えるアイテムやその着こなし方、コーディネートの組み合わせ方などをアドバイスしてきました。迷ったら、ここにあるコーディネートをそのままやってくださいともお伝えしてきました。

これは、ファッションセンスは後から身につけられるものだと知ってもらい、フアッションに対する苦手意識を振り払ってもらいたかったからです。

嬉しいことに、書籍で紹介したコーディネートを真似してくださった方々からは、自分の服装に安心できるようになった、自信を持てるようになったという声をたくさんいただきました。


今回この書籍でお伝えしたいのは、そこに「自分らしさ」を加えていくことです。

これまでお伝えしてきたことが、「T＝Time（時）」「P＝Place（場所）」「O＝Occasion（場合）」に対してのプロとしてのアドバイスだったとしたら、今回、プラスしてお話ししたいのは、「P＝Produce（自己プロデュース）」の部分です。

とくに、大人女性にとっては、ファッションに「自分らしさ」を出せるかどうかは、これからの人生を左右するくらい、大事なことです。人生の軸はファッションから生まれると言ってもいいほどです。

なぜ「自分らしさ」が大事なのか

なぜファッションに「自分らしさ」が大事なのでしょうか。

それは、ファッションが自己表現のツールだからです。

ファッションは「外見」ですが、もう少し踏み込むと「内面」の一番外側とも言えます。自分はこんな人間ですということを一番表現しやすいツールなのです。

自分らしいキャラクターをファッションで表現できるようになると、外面と内面のギャップがなくなります。外面と内面のギャップがなくなると、自分を素直に出せるようになり、驚くほどストレスがなくなります。

また、自分が好きなテイストの服を着こなせるようになると、自分自身のことも、より好きになれるものです。自分を好きになれると、本当の意味での自信を手に入れることができます。

だから、誰に決められたのでもない、自分らしいファッションを身につけた人は、人生が変わっていくのです。

おしゃれの先にあるもの

私のコンサルティングを受けてくださる方や、スクールに通ってくださる方の多くは、「おしゃれになりたい」「ファッションに自信を持てるようになりたい」と言って訪ねてきてくれます。

でも、おしゃれになりファッションに自信を持てるようになることは、ただそれだけでは終わりません。

どんな服を着ている自分が好きか、どんなものを身にまといたいかを考え、「自分らしいファッション」を見つけ出した人は、ファッションだけではなく「自分自身」に自信をつけていくからです。

自分の「好き」に気づく↓ファッションに取り入れる↓心地よい・褒められる↓もっと「好き」を取り入れる↓どんどん自分らしさが際立っていく↓心地よい・褒められる↓自分らしさに自信を持つ……。一度この好循環に入ると、女性はどんどん輝いていきます。

166・167ページで紹介した4人は、おしゃれになっただけではなく、自分が好きなテイストをファッションで表現できるようになり、そこでどんどん自分らしさを羽ばたかせていきました。

166ページ上のYさんは、出会ったときはフェミニンなファッションが似合う女性でした。骨格診断でエレガントと診断されて以来、ワンピース、フリル、リボンがコーディネートの定番だったそうです。顔立ちが綺麗な美人さんということもあり、そのスタイルは一見、彼女にぴったり合っているように見えました。

ところが、スクールに通ってシンプルな白シャツやデニムにも挑戦してみた結果「よく考えたら、私はこれまでの服にしっくりきていなかった」と気づいたそう。

そこで、私はオーバーサイズのシャツやジャケット、リラックスした雰囲気のパンツなど、メンズライクなアイテムを増やしてみるようにアドバイスしました。

もともと上品な顔立ちの彼女は、メンズライクな服を投入することで「ほどよい色気」が醸し出されるようになりました。以前から男性にモテる方でしたが、このイメージチェンジの後は、女性の友達も増えたようです。

「自分が本当に好きな服のテイストに気づいて、自分を偽っていないと思えると、心が自由になった。自分を認めて、もっと自由にふるまっていいんだと感じた」と話してくれました。

１６６ページ下のＳさんも、自分の「本当の好き」に気づいて、おしゃれに目覚めていった方です。出会ったときは、水玉のブラウスやレースのブラウスなど、可愛い雰囲気の服、そしてゆるい楽な服ばかり着ていたそうですが、スクールに通ううちに、もっとシャープな服を着たい自分に気づいたのです。

それまでは、体型を気にして「服を選ぶ」というよりは「入るサイズの服を着る」という買い物をしていた彼女。おしゃれは選ばれた人だけがするもの、だと思っていたとか。でも、ほっそり見える「上半身ゆとり×下半身フィット」のテクニックがあることや、着痩せするアイテムの存在を知るうちに、どんどん「実は着てみたかった服」に手が伸びるようになったそうです。

この間会ったとき、彼女は、こんな話をしてくれました。

「これまでの私は、ファッションも恋愛も仕事も『どうせ太っているから無理』と、太っていることをどこか逃げ道にしていた気がするんです。でも、太っていてもファッションを楽しめることに気づいたら、他のことも頑張れるような気がしました。体型を言い訳にするのは、自分の人生をもったいなくしちゃうなって思った」と。

それまで彼氏や友人にダイエットしたらと言われても、全然その気にならなかったという彼女が、自ら一念発起して、10カ月でなんと15キロも痩せたそうです。

でも彼女にとって一番よかったことは、痩せたことそのものではなく「なんでも自分で判断する目と決断する心」ができたことだとか。

自分で着たい服を選ぶ。自分で痩せると決める。「他人軸ではなく、自分軸で人生を生きられるようになった」と言ってくれたことが、何より嬉しかったです。

If your clothes don't suit you

自分の「好き」に気づく方法

本当に自分が着たい服を知る

自分の好きなテイストがはっきりしている人はいいのですが、多くの人は先ほど紹介した2人のように、自分が本当はどんなテイストの服が好きか、どんな自分になりたいかを、明確にイメージできていないものです。ここではそんな人たちのために、自分の「好き」を見つける方法をいくつかご紹介します。

まずおすすめなのは「顔も、体型も、環境も、お金も自由になるなら、どんな服が着たいか？」と、自分に質問してみること。

太っているからとか、職場が厳しいからとか、ママだから……とか、そういった枷《かせ》は一切気にしないで。自分の理想の顔と理想の体型で何の制限もなかったら、どんな格好をしたいかを考えるのです。このとき、ぱっと思い浮かんだイメージが、実はあなたが心の底で思っている「本当になりたい自分」です。

「どんな言葉で褒められたい？」というのも、よく私が問いかける言葉です。

「色っぽいと言われたい」「可愛いと言われたい」「仕事ができると言われたい」……。人はそれぞれ、褒められたい言葉があります。それが、実は理想の自分。

あとは、その理想を現実にするために、必要なアイテムや着こなしを覚えていくだけです。

自分の「好き」に気づくワーク

これは、スクールの生徒さん全員にやってもらうワークで、とても好評なので、みなさんにもご紹介します。

スクラップブックを作りましょう。大きめのノートやスケッチブックに、自分がときめいた写真をどんどん貼っていくのです。モデルさんの写真でもいいし、服の切り抜きでもいいし、インテリアや海外の風景でもいいです。ピンときた写真があったら、雑誌をざくざく切り抜いて、「好き」をたくさん集めましょう。集まった写真を眺めていると、自分がどんなものを「好き」だと思うのか、その傾向がつかめてくるはずです。

みなさん、「自分のことをこんなに分析するなんて、就職活動以来」と言うのですが、この作業はなかなか楽しくて、没頭してしまいます。スクールが終わったあとも、続けている人が多いようです。

自分が好きなインスタグラムの写真を集めるだけでもいいですよ。そこで、自分が好きなテイストが見えてくると思います。自分が好きなモデルさん、女優さんなどの名前をあげるのもいいイメトレになります。もちろん、身近に憧れる女性がいたら、その方でもいいでしょう。

あなたは、その憧れの女性のどこに惹かれますか？　真似したい部分はどんなところ？　それを考えることでやはり、自分の「好き」に気づいていきます。

身近な人のアドバイスがあなたの成長を止める

自分の「好き」に気づいたら、いよいよそれを自分に似合わせていくのですが、そのときひとつ注意することがあります。それは、身近な人のアドバイスをあえて聞かないことです。

自分が変わろうとしているとき、とくに本当の自分らしさを見つけようとしているときには、身近な人のアドバイスが、逆にあなたの成長を止めることがあります。友達や家族など、身近な人ほどあなたの変化に敏感です。「今までのほうがよかった」とか「なんか似合わない、あなたらしくない」などと言われるかもしれません。でも、そういったコメントは、今はいったん脇におきましょう。身近な人は、過去のあなたに見慣れていて、新しいあなたに見慣れないだけです。

家族や友人は、どんどんおしゃれに変わっていくあなたを羨ましいと思うかもしれません。そして、ちょっと置いてきぼりにされる不安を感じて、「変わらないでほしい」と言うかもしれません。

パートナーの場合は、自分があなたから飛び立とうとしているわけではなく、自分らしさを手に入れたいだけだと伝えてください。あなたのためにも綺麗になりたいという気持ちを伝えると、心から応援してもらえる場合が多いです。

あなたの足を止めようとするのがお友達の場合は、しばらくの間、距離をおいてもいいかもしれません。それは疎遠になるのとは違って、そのお友達以外にも、大切にする場所を作るというイメージです。

「好き」はあきらめなくていい

好きなものは凝縮して密度濃く

好きや憧れの気持ちを大切にしてほしいと伝えましたが、いくら好きだからといっても、この年齢で身につけていいんだろうかと不安になるアイテム、ありますよね。たとえばレースやリボンのようなひらひら。スタッズやゴシック系のハードアイテムなど。

「大人になったら、そういうアイテムは封印」と思っている人もいるかもしれませんが、そんなことはありません。好きなテイストは、何歳になっても、何歳からでも身につけていいのです。

好きなものを身につけているときは、心がときめきます。そのときめきは、必ず、オーラとなってあなたを輝かせてくれます。だから、あきらめないでほしいんです。

167ページ上のIさんは、美容師さん。もともと裏原宿系の個性的なファッションが好きで美容師になったものの、30歳を過ぎ、店長をまかされるようになったり、お客様に大人の女性が多くなったりといった環境の変化で、今までどおり好きな服を着続けてよいのか迷っていました。加えて育児がスタートしてママ友との付き合いも始まるし、産後で体型は変わってしまうしと、40歳を目前にして、自分らしいファッションが、まったくわからなくなってしまったそうです。

彼女にどんなファッションが好きかと聞くと、スタッズや原色、柄物といった、ハードロックな派手めのアイテムだと言います。そこで私は、そういったアイテムはあきらめなくていいから、普通の白いシャツ、普通のシャツワンピ、普通のシンプルなスカートを投入して帳尻を合わせようと提案しました。

ずっとデザイン畑を歩いてきた人です。「これまで一度も『普通の服』をいいと思ったことがなかった」そうですが、こういったベーシックなアイテムがあることで、自分が好きなテイストの服も活かせるとお伝えしました。シンプルな中に一点、個性的なアイテムを光らせている彼女のファッションは、お客様やスタッフから注目の的になり「別人のようにおしゃれになった」と評判だそうです。

変化したのは、服を買うときにちゃんと試着をして吟味するようになったこと。

それまでは、服を買っても買ってもうまく着こなせなくて、満たされない気持ちがあったそうですが、今は、少ない数の服でもちゃんと着こなせることが、自信につながっているとか。最近では、お客様の好きなファッションの観点から、ヘアスタイルやメイクの提案ができるようになり、好評だそうです。

彼女は、好きなテイストの服を大事にすることは、自分を大切にすることにつながったと話してくれました。

「年相応にとか、役割相応にと考えすぎて、自分の好きなテイストはあきらめなきゃいけないんだと思っていた。でも、こうやって個性を出せばいいんだということがわかって、自分が向かう道が見えた気がします」と話してくれました。

そして、不思議なことに、服をうまく着こなせるようになった頃から、お客様との関係だけではなく、スタッフとの人間関係もよくなっていったとか。それまでは、会社の方針とは違った言動をするスタッフに対して怒りの気持ちしかなかったのが、最近では「そういうやり方もありだよね!」と認められるようになったのだそう。

自分の「好き」を大切にすると自信も生まれるし、誰かの「好き」も大切にできる。彼女自身の変化から、私も大切なことを学ばせてもらいました。

似合わない、浮いて見える、恥ずかしいから卒業しよう

「自分の好きなものを着ても、似合う気がしない」

「会社やママ友の中で、浮いてしまうんじゃないか」

「おしゃれをしようとしている自分がおこがましい。恥ずかしい」

そんな声をよく聞きます。でも、心配しないでください。これらは全部ファッションで帳尻合わせをすることができます。

第1章から第4章まで伝えてきたことも、その帳尻合わせのテクニックでした。

第1章では「ほどよい色気」を醸し出せば、どんなテイストの女性も素敵に見えることや、ファッションは5つのパートで足し算・引き算すればよいことをお伝えしました。第2章では、体型の悩みをカバーする帳尻合わせをお伝えし、第3章では色を、第4章ではプチプラをうまく味方につけて、なりたい自分を手に入れる方法をお伝えしました。これらのテクニックはすべて、「好き」を自分のものにして、「自分らしい」おしゃれができるようになるためのものです。ここから先はさらに、「好き」なものを自分に取り入れるときの技についてお話ししていきます。

「好き」の帳尻の合わせ方

5つのパートで足し算・引き算する

好きなものをイタくならずに着こなすコツは、全身で取り入れないこと。「好きは凝縮して、密度濃く」と覚えておくと間違いありません。

復習になりますが、①上半身、②下半身、③頭〜首まわり、④手元まわり、⑤足元まわりの、どこかの1カ所に、好きなアイテムを入れるのがいいでしょう。そして、先ほどの美容師のIさんのように、それ以外のパートをシンプルにしたり、引き算したりして、帳尻合わせをします。

次からはアイテムごとに、帳尻の合わせ方を見ていきましょう。

可愛いアイテムの帳尻の合わせ方

レースやフリル、チュール、リボンといったディテールは、可愛らしい反面、幼い印象にも見えがちです。ですから、こういった可愛いアイテムを入れたい場合は、ちょっとした工夫が必要です。

まずは面積で帳尻を合わせる方法。全面にレースやリボンがあしらわれているものではなく、ピンポイントで使用されているものを選ぶと悪目立ちしません。おすすめなのは靴下。それも、女子度の高いアイテムに合わせるのではなく、あえておじ靴（おじさん風の靴）にちょこっとリボンがついた靴下を合わせたりすると、なにげなくおしゃれです。

次に、色で甘さを抑えて帳尻を合わせる方法。たとえば同じチュールスカートでも、ピンクを選ぶと甘くなりすぎますが、黒やカーキ、グレーといった、落ち着いた色にすれば大人の着こなしになります。ちなみに私もチュールは大好きで、スリットの深いスカートの下に重ねばきして、下から黒やカーキのチュールをちょっとだけのぞかせるのが気に入っています。

丸襟やプリーツスカートなどは、正統派に着こなしたほうが、逆に大人っぽく見える場合も。第1章で紹介した正統派の品アイテムや、メンズライクな品アイテムを活用して、トラッドに着るのがいいでしょう。ジャケットやめがね、ソックスやローファーなどと合わせて着ると、上級者に見えます。

派手柄、派手アイテムは一点豪華に

レオパード柄などの派手な柄は、一点投入を。柄物を着る場合は、それ以外のパートをベーシックカラーにすると失敗しません。

柄タイツなどは、スカートに合わせると面積が大きくて目立ちすぎるので、くるぶし丈のパンツに合わせてちらっと見せるくらいがちょうどいいです。柄タイツとおじ靴は相性いいですよ。

キラキラやスタッズなどの輝きアイテムも、小物で投入するくらいがちょうどよくなります。「隅っこで思いきり遊ぶ」のイメージで使ってみてください。

ひざ上丈のスカートをはいていいか問題はよく議論されますが、40代になるとやはりひざが気になりますよね。私は、大人女性のひざ上スカートは秋冬限定でいいような気がします。タイツとブーツを合わせれば、イタくなる心配もありません。

綺麗め一辺倒、カジュアル一辺倒はアイテムを入れ替える

お客様のコーディネートを見ていると、平日と休日の服装が、別人並みにギャップがある人がいます。たとえば平日はネイビーとグレーで、とても硬いイメージ一辺倒。土日になると全身GAPやユニクロに足元はスニーカー。チェック柄のシャツやボーダーの服をヘビロテするというタイプです。こういう方はたいてい、ファッションに対する楽しさを、全部土日に集結させています。

でもできることなら、休日だけではなく、平日のファッションも楽しめるに越したことはないですよね。月曜日から週末の土日まで、いつも自分の好きな服をまとえるほうが、心が安定します。「今日はどんな私にしようかな？」と毎朝思うことで、朝のテンションも変わります。

以前お会いしたAさんは、まさにこのタイプ。とても性格の優しい女性なのですが、真面目なファッションが、少し近寄りがたい印象を与えていました。そこで私はAさんに、平日の紺やグレーのジャケットの下に、白シャツではなく、ピンクや

水色といった華やかな色のブラウスを着る提案をしました。そして逆に、休日のファッションにヒールやアクセサリー、綺麗めバッグを投入してもらいました。

もともと綺麗め10割や、カジュアルめ10割でコーディネートしている人は、2割か3割、逆のテイストに変えてあげると、ほどよく整います。Aさんも、平日と休日のアイテムを少し入れ替えるだけで、ぐんとおしゃれ度があがりました。

その後、彼氏ができたことを報告してくれたAさん。「仕事服ばかりで何を着てもときめきを感じない状況だったのに、今は、好きな服を着て過ごす毎日にとてもときめいています。大切なパートナーに出会えたのも、服を変えたおかげだと思っています」と話してくれました。

苦手、使えないアイテムの代替案

167ページ下で紹介したYさんは、ヒールが履けない方でした。苦手というのではなく、足が痛くなってしまい、病院の先生にもヒールは止められているのです。

私が「ファッションは5つのパートのバランスで決まる。トップスとボトムス以上に、足元が大事」と言ったとき、実はヒールが履けないと話してくれました。

そこで私は彼女に、フラットシューズの中でも、スニーカー以外の靴を取り入れてバランスを変える提案をしました。こういう場合、ヒールのようなシャープ感を出せる、甲が見える靴が力を発揮します。ポインテッドの靴や、バレエシューズ、シャイニーな靴などを履くと、足元の印象がスマートになり、全体のバランスも大きく変わります。

また、同じスニーカーでも、写真のようにハイカットのスニーカーにして、中に3センチから5センチのインソールを入れると、隠れ脚長効果が出ます。

彼女にとって、足元のおしゃれはかなりキーポイントだったようです。足元が変わると、全身のファッションも変わっていきました。それまでは小さなお子さんが2人いることもあり、いつもチュニックとレギンスでウエストを隠すファッションでした。それが、ZARAのアイテムを投入するようになり、似たようなコーディネートでも、モード感が出るようになりました。

彼女の変身っぷりはママ友たちの間でも大評判。今、彼女はライフ&ファッションスタイリストとして活躍していますが、一般のお客様だけでなく彼女の変身劇に驚いたママ友さんたちが、たくさん受講しにきています。

ヒールに限らず、使いたいアイテムが使えない場合は、代替案を考えます。アクセにかぶれてしまうなら、肌に触れない部分、たとえばベルトや靴に照りを出すとか、メイクをもう少ししっかりめにしてみましょう。メイクをしっかりめにすると肌が荒れてしまうというのであれば、髪のツヤを強調するなどして帳尻を合わせましょう。

ひとクセアイテムを使いこなす

憧れるけれど、どう着こなせばいいかわからないアイテムもあると思います。たとえば、ターバン。ターバンをしている人って、それだけでおしゃれ上級者に見えると思います。ターバンの使いこなしは、実は簡単。ポイントは他を全部シンプルにすることと、〝はちまき〟にならないようにすることです。

まず、ターバンを投入する日は、全身をシンプルにまとめましょう。白シャツ×デニム、Tシャツ×デニムに合わせるくらいがちょうどいいです。つけるときの大事なポイントは顔まわりの毛をどうするかですが、フェイスラインの毛を出して顔まわりで揺らしてください。後頭部にボリュームを出すのもコツ。ターバンをするときは、メイクはしっかりめにするのがバランスよしです。

古着やヴィンテージが好きな人もいるでしょう。古着を野暮ったく見せないためには、どこかに新しい要素を入れることです。たとえばお母様からもらったお下がりのワンピースに、クルーネック（丸首）のカーディガンを羽織り、ブランドバッグやローファーと合わせたりすると、昭和感が出てしまうことも。

これをおしゃれに着こなすならば、カーデをロングカーデにして、かごバッグを持ち、足元をゴールドのバレエシューズにしてみる。これだけで、「旧」と「新」が調和され、今っぽくなりますし、古着も引き立ちます。また、クラシカルな服を着るときは、リップを赤リップにするなど、モード感を出すとなおいいですよ。

靴下はパンツに合わせると失敗しません。ぜひ試してほしいのは、ゴールドアクセにゴールドのラメソックスを合わせたり、シルバーアクセにシルバーのソックスを合わせる方法。即、おしゃれ女子の完成です。黒のエナメルに白ソックスを合わせるのも品が出ておすすめ。

ライダースジャケットは、ハードになりすぎないように、ボトムスに女性らしいアイテムを入れるとバランス◎です。また、キャンバス地のバッグなど、ナチュラルなアイテムを投入するのも、ハードさが軽減されるのでおすすめです。

ハットが似合わない人もいません。ハットのリボンの部分の色と似た色を、服のどこかに取り入れるとおさまりがよくなります。ハットは前髪の分け方や質感でも雰囲気が変わります。ワックスでウェットにしてモードな雰囲気、斜め分けにしてお嬢様っぽい雰囲気など、前髪でイメージを作りましょう。

ブランドバッグは単なるバッグとして持つ

ブランドバッグとの付き合い方も、大人世代の悩みかもしれません。「昔買ったブランドバッグ、仕事を辞めたら出番がない」「女子会やママ友会に持っていったら浮きそう」といった悩みも聞きます。

ブランドバッグは、ロゴを外して考えるとうまくいきます。つまり、シャネルのマトラッセと考えるのではなく、黒のチェーンバッグと考える。ヴィトンのモノグラムバッグと考えるのではなく、茶色の丈夫な革のバッグと考えるのです。

気の持ちようと言えばそれまでですが、このメンタルの変化だけで、ずいぶん着こなしといいますか、持ちこなしが変わります。ブランドバッグに負けている印象になりませんし、ブランドバッグが嫌味にもなりません。

また、革のブランドバッグをカジュアルな服に合わせたいときは、靴を綺麗めにするのがコツ。Tシャツにデニム、そして革のブランドバッグを合わせるなら、ヒールの靴にする。そうすれば、ブランドバッグだけ浮くこともありません。

ブランドものに限らず、バッグと靴のテイストはできるだけ合わせると覚えておけば間違いありません。

ブランドものと言えば、忘れられない思い出があります。スクールに来てくれたBさんのことです。彼女はとても礼儀正しく、真面目な人。ファッションも控えめで落ち着いた服が多い方でした。

でも、講義で好きなテイストの写真をスクラップしてもらったら、彼女が切り取ってきたのは、『SPUR』や『GINZA』など、ハイファッション誌のモードな写真ばかり。「Bさん、本当は、モードなファッションが好きなのではないですか?」と尋ねると、「いえ、めっそうもないです。これは好きなだけで、自分で着るのは無理です」と言います。聞けば彼女の家には、まだ履いたことのないルブタンの靴が何足もあるとか。「履かないなんてもったいない!」と驚く私に、「いや、あれは鑑賞用なんです。私なんかが履くのは絶対無理です」と言い張ります。小さなお子さんがいるので、ママ友の間で浮くのも怖いと言うのです。

彼女のように、自分の好きや憧れの気持ちを、現実の自分とは別のものと考えてしまう人は多いものです。でも、その好きや憧れ、挑戦していいんですよ!

私は彼女に、サングラス、チェーンバッグ、ストローハットなど、少しずつ彼女がスクラップした写真に登場するような、モードなアイテムを足していってもらいました。

彼女がルブタンの靴を履いてスクールに来てくれたのは、初めて会ったときから4カ月くらいたった頃です。「やっと、履けました」という彼女に、同期のみんなからは、大きな拍手がわきました。

のちにスクールを卒業した彼女から、こんなメールをもらいました。

「今までは無難に、人並みに、嫌われないようにと自分の意見や気持ちを出すことを恐れていました。そこそこ楽しい人生ならそれでいいと思っていました。でも、今は自分の大好きを追求する人生を送りたいです。そう思えるようになったのは、自分が本当に好きなものに気づけたからです」

今では彼女は、保育園のお迎えにもサングラスにシャツにホットパンツといった、ＬＡの女性のようなおしゃれな格好で行っているそうです。自分の好きな服を大切に着るために、洗濯やアイロンがけなどの、メンテナンスにも時間をかけるようになったとか。それは、自分自身を大切にする、丁寧な生活につながっているとも教えてくれました。

自分の「好き」に気づくと、自分を大切にできます。そして、それ以外のことにも「好き」を主張できるようになって、好きなものに囲まれた生活を送ることができる。

これは、どんどん綺麗になり、充実した人生を送っているＢさんから、私を含めたスクールのみんなが学んだことでした。

ファッションは心と直結している

ファッションが持つ、もっとも大きな「力」

これまで、服やアイテムが持つ印象、その効用についてお話ししてきました。肌にツヤが生まれる、品が出る、痩せて見える、洗練されて見える、優しく見える、シャープに見える……。どのアイテムにもそれぞれ、見た目の印象を変える力があります。

たとえば、地味に見られるのが嫌だという人には、肌見せの服を着てもらい、一度振り切ってもらいました。

子どもっぽく見られるのが悩みだった人には、黒のスキニーパンツや、マニッシュなチェスターコートを投入しました。

ママ友にナメられやすいという人には、エナメルの靴やロングカーデなど、シャープめなアイテムを入れました。

ファッションは第一印象をがらっと変えるので、見た目を変えると、他者からあなたへの接し方も変わるはずです。

でも、私がファッションの一番の素晴らしさは何か、と問われたとき、真っ先にあげるのは「自分らしい服を着こなすことができたら、自分の心も満たされる」ということだと思っています。ファッションは、心と直結しているのです。

ママ友との関係も子どもとの関係も変わった

「このまま私、おばさんになっちゃうのかな。なんかそれ、嫌だなって思ったんです」。そう話してくれたMさんは、小学5年生と3年生の2児のママ。友達がお互いの家を行き来する小学生の子どもがいると、育児だけではなく、ママ友同士の付き合いも大変です。それまでMさんは自分が苦手なママ友でも「子どものため」と思ってお付き合いしてきたそう。

そんな彼女に私は、ほんの少しの時間でも家のことを忘れて弾けてほしいと思って、ギャル系のショップに連れていきました。スキニーパンツを買ってその着痩せ効果に興奮し、そこで買ったハットをスクールの仲間から素敵だと褒められたMさん。少しずつ、忘れていた自分の声を聞けるようになったといいます。そして「こんなに自分に目を向けていいんだ!」とも。

ママ友たちに「Mさんはいつもおしゃれ!」と褒められることが、自分の自信になっていったのかもしれません。「一度断ったら二度と誘われないかもしれない」と断れなかったママ友の誘いも、「その日は予定があるの」と言えるようになったのだとか。Mさんいわく、誘いを断るともっと孤立するかと思ったけれど、全然そんなことなかった、とのこと。

自分にとって心地よいことは何かを考えるようになったMさんは、お子さんに対する接し方も変わったと言います。それまでは、子どもが悪さをしたときは「何してるの!」と怒っていたけれど、最近は「何か理由があったのかな?」と考えるようになったとか。子どもたちには毎日「自分の好きなことをやっていいよ」「自分の気持ちが一番大事だよ」と伝えているそうです。

買っても買っても満たされない

Tさんは学校の先生でした。ご自身の出産後、産後うつになってしまったのですが、それが落ち着いた頃、スクールに通ってくれるようになりました。

出会ったときのTさんは、あまり印象に残らないファッションをしていました。保護者や同僚の先生からどう見られるかが気になって、いつも無難な服を選んでしまうそうです。一方でストレスがたまると、食べる、寝る、買うに走ってしまい、クローゼットには服が増える一方。でもそれを着こなせない自分に罪悪感を覚え、さらにストレスがたまるという悪循環でした。

彼女の場合は、服を買い足すのは控えめに。むしろ今まで持っていた服の組み合わせを変えることを提案しました。第1章でお話ししたように、全身のバランスを変えるだけでも印象は変わります。そして、今後新しく服を買うときには、①サイズが合っているか、②色、形、素材は使いやすいか、③この服を着る3つのシチュエーションがあるか、④この服に合わせるトップス（ボトムス）が3着以上あるか、⑤似た形の服を持っていないかを意識してもらうようにしました。

彼女ほど「センスは鍛えられる」を実証してくれた人はいません。Tさんは、自分に必要のない服は買わない審美眼を持てるようになりました。そして、手持ちの服でも充分おしゃれに着こなせるとわかると、少しずつ心が満たされてきたのを感じたそうです。

実はこの春、彼女は教員を辞めました。これまで、「安定した公務員の仕事を辞めていいのだろうか」と言い出せなかったそうなのですが、「自分は子どもに直接ではなく、保護者を通じて、子どもを大切に育てる世の中に貢献したい」と思っていることに気づいたのだとか。これからは、教員生活での経験を活かして、母親をケアする仕事をスタートするそうです。

自分に矢印を向ける

「自分がファッションで救われたので、今度は自分がファッションを通して誰かの心を楽にしてあげたい」と言う方もいます。北海道に住むMさんです。

Mさんは私の書籍を隅々まで読んでくださっていました。「本に書かれている以外の着こなしも知りたくて」と、わざわざ北海道からスクールに通ってくださったのです。

彼女には「自分らしいファッション」の表現に力を入れてもらいました。具体的にはシンプルなTシャツで1週間7パターンのコーディネートをしてみる、ロングカーデを使ってやはり1週間7パターンのコーディネートをしてみるといった宿題を渡して、毎日自撮りしてもらいました。

Mさんのお子さんは、自閉症でした。スクールに来るまでは、お子さんのお世話にかかりきりで、何をしていてもお子さんのことが気がかりだったそうです。でも、自分のファッションを気にするようになって、自分に目を向けるようになったら、逆にお子さんのほうからMさんにコミュニケーションをとってくれることが増えたのだとか。彼女の毎日のコーディネートを撮影してくれたのは、そのお子さんでした。毎朝の撮影タイムは、親子の大事な時間になっていました。

「私がオシャレになったら、ずいぶん私の話を聞いてくれるようになったんですよ」と、Mさんは嬉しそうに話してくれましたが、それはきっと、おしゃれになったからだけではなく、Mさんが楽しそうにしていることをお子さんも嬉しく感じたからではないかと私は思います。それくらいMさんは明るく若々しくなりました。

今、彼女は、「自分はファッションを勉強することで、気持ちが前向きになって人生が楽になりました。だから、同じ自閉症のお子さんを持つお母さんたちに、ファッションの力を伝えてあげたい」と猛勉強しています。

Mさんが、北海道第1号のライフ&ファッションスタイリストとして、活躍してくれる日も近そうです。

おわりに

最後に私自身が、ファッションによって、どう変わったか。少しだけお話しさせてください。

私は、24歳のときに出版社でスタイリストのアシスタントを始めました。今考えるとスタイリストとしては少し遅いスタートだったと思います。

それまでもファッションが大好きで、ショップ店員を数年やっていたのですが、どうしてもスタイリストになりたいという夢をあきらめきれず、思いきってまわりに「スタイリストになりたい」と打ち明け、ご縁あってある出版社に雇っていただき、スタートを切りました。

スタイリストの仕事は体力勝負です。早朝から行う撮影のコーディネートを深夜2時、3時まで考えて、そのまま会社に泊まったことも一度や二度ではありません。徹夜が続くとアドレナリンが出るからでしょうか。気づけばヒゲが生えていたというのも、アシスタントあるあるです。でも、そんな忙しさは、まったく気になりませんでした。憧れの仕事につけた私は毎日充実した日々を送っていました。このままどこまででも頑張れる。そう思っていました。

スタイリストにとって花形の仕事は、雑誌の表紙や巻頭の企画です。その月の号の売り上げがそこで左右されると言っても過言ではないページには、その雑誌のエースと言われる人たちが起用されます。

一方で、着痩せや着回しなどの実用的な企画や、読者モデル、もしくは一般の方の変身をスタイリングする企画もあります。当時の私の主戦場はこちらでした。がむしゃらに走り続けてきた30代半ばにさしかかった頃でしょうか。この先も今と同じ働き方をしていたいだろうか？　このままスタイリストを続けていく才能が私にはあるのだろうか、と思ったのです。年齢を重ねるごとに、その思いは少しずつ大きくなっていきました。

そんなとき、ある編集さんからこんなことを言われ、ハッとしたのです。

「山本さんがコーディネートすると、一般の女性でも、モデルのように素敵になりますね。この雑誌の中で一番、人の人生を変えているんじゃないですか？」

この先の人生をどう生きていこう、何かがしっくりきていない自分にモヤモヤする……。どこかそう思っていた私にとって、この言葉は、衝撃でした。そして、私自身、一般の女性をコーディネートすることが何よりも好きだということに、この言葉でハッと気づかされたのです。

振り返ってみると、「本当にこの仕事をしていてよかった」と心から思った瞬間は、いつも一般の女性が輝いて見えたときでした。

雑誌の撮影が初めてだという女性が、服の力を借りて見違えるほど綺麗になったとき、撮った写真を「家宝にします」と言われたとき、涙が出るほど嬉しい気持ちになるのです。体型にコンプレックスがあると言った女性が、私が用意した服に手を通して鏡の前に立ったとき、ぱっと顔が明るくなり、大きな笑顔になる瞬間、それがたまらなく幸せです。

「私が本当にやりたいことは、普通の女性に、もっとファッションの素晴らしさを知ってもらうことかもしれない」

そう思った私は、個人向けのパーソナルスタイリングの仕事をスタートしました。

一般のお客様のコーディネートをするようになって、わかったことがひとつあります。それは、「ファッションは〝本当に〟人生を変える」ということです。

それまで私がやってきた雑誌の仕事は、1枚の写真をいかに美しくカッコよく撮るかが勝負でした。でも、お客様のファッションを一緒に考えていくことは、そこで終わりではなく、その方の人生につながっていきます。

1枚の服が勇気を与えてくれることがあります。1足の靴が自分の本当の好きを呼び覚ましてくれることがあります。その服の先には、お客様の数だけ、ドラマがありました。

今回、この本を書くにあたって、あらためて、これまで私がご一緒したお客様やスクールの生徒さんに、話を聞く機会を持つことができました。久しぶりに連絡を取った方もいましたが、私が想像していた以上に、彼女たちの人生が、ファッションによって大きく変化していることを知りました。彼女たちの話を聞きながら、何度も涙が流れました。

大人の女性にとってのファッションは、自己表現です。

おしゃれを楽しむことに、年齢は関係ありません。

ファッションを変えた人から、人生が変わっていきます。

この中に収めさせていただいたメッセージが、少しでもみなさんのお役に立てば、これほど嬉しいことはありません。

最後になりますが、私に書籍という形で、ファッションの楽しさをお伝えする道を作ってくださり、今回もたくさんご尽力いただいたライターの佐藤友美さん。いつも温かく真正面から受け止めてくださり、高い熱量で粘り強く読者のみなさんへ伝わる形を模索し続けてくださった幻冬舎の羽賀千恵さん。この素晴らしいお2人がいなければ、この書籍は制作することができませんでした。

また、同じ心で仲間として進んでくれているLABOのみんな。エピソードを寄せてくれたお客様。いつも支えてくれている大切な家族。

そしてなにより、本書を手にとってくださったすべてのみなさんに、心からの感謝を伝えさせてください。ありがとうございました。

山本あきこ

【ショップリスト】

・GU（ジーユー）
〒107-6207 東京都港区赤坂9-7-1 ミッドタウン・タワー7F 0120-856-452

・UNIQLO（ユニクロ）
〒107-6207 東京都港区赤坂9-7-1 ミッドタウン・タワー7F 0120-170-296

・ORiental TRaffic（ダブルエー）
0120-575-393

・マイストラーダ プレスルーム
〒107-0061 東京都港区北青山2-5-8 青山OM-SQUARE 5F 03-6894-8612

・ダイアナ 銀座本店
〒104-0061 東京都中央区銀座6-9-6 03-3573-4005
https://www.dianashoes.com
Instagram @dianashoespress

・ADINA MUSE SHIBUYA
〒150-0043 東京都渋谷区道玄坂2-3-1 03-5458-8855
https://adinamuse.com
Instagram @adinamuse

・Rocco style.
03-6451-1620
https://roccostyle.shop/

【撮影協力】

美容室RUALA
〒150-0001 東京都渋谷区神宮前6-18-11 明治ビル 4F 03-6427-9588

【撮影】

中村彰男

【デザイン】

ohmae-d

【制作協力】

佐藤友美

【スペシャルサンクス】

やすこ、やすえ、いっちゃん、あみーご、さやかちゃん、あかね、もとこちゃん、とみゆかちゃん、まいちゃん、もこちゃん、そねちゃん、いづみん、ちよこ、ちえぞう

〈著者紹介〉
山本あきこ　スタイリスト。1978年生まれ。女性誌や広告など多くの媒体でスタイリストとして活躍した実績と経験を持つ。その経験を活かし、モデルだけではない様々な人たちに似合い、取り入れやすい独自のコーディネート理論を確立。「センスは持って生まれたものではなく鍛えられる」という信念のもと、一般の女性向けにスタイリングアドバイスを行う活動を開始。予約開始と同時に申し込みが殺到する「予約の取れないスタイリスト」に。「どんな人でもいつからでもおしゃれになれる」をモットーにこれまで1万人以上の女性たちを変身させてきた。作ったコーディネート数は20万を超える。著書に『いつもの服をそのまま着ているだけなのになぜだかおしゃれに見える』『毎朝、服に迷わない』『暖かいのにおしゃれになれる』(いずれもダイヤモンド社)がある。

これまでの服が似合わなくなったら。
「40歳、おしゃれの壁」を乗り越える!
2019年8月20日　第1刷発行

著　者　山本あきこ
発行者　見城 徹

GENTOSHA

発行所　株式会社 幻冬舎
〒151-0051 東京都渋谷区千駄ヶ谷4-9-7

電話:03(5411)6211(編集)
03(5411)6222(営業)
振替:00120-8-767643
印刷・製本所:図書印刷株式会社

検印廃止

Printed in Japan
ISBN978-4-344-03494-5 C0095
幻冬舎ホームページアドレス　https://www.gentosha.co.jp/

この本に関するご意見・ご感想をメールでお寄せいただく場合は、
comment@gentosha.co.jpまで。